杜甫传：诗中圣哲，笔底波澜

张昕 著

© 民主与建设出版社，2024

图书在版编目 (CIP) 数据

诗中圣哲，笔底波澜 : 杜甫传 / 张昕著 . —北京
: 民主与建设出版社，2022.4（2024.7 重印）
ISBN 978-7-5139-3781-8

Ⅰ . ①诗… Ⅱ . ①张… Ⅲ . ①杜甫（712-770）—传记
Ⅳ . ① K825.6

中国版本图书馆 CIP 数据核字（2022）第 042285 号

诗 中 圣 哲，笔 底 波 澜 : 杜 甫 传
SHE ZHONG SHEGN ZHE , BI DI BO LAN : DU PU ZHUAN

著　　者	张　昕	
责任编辑	刘树民	
封面设计	宋双成	
出版发行	民主与建设出版社有限责任公司	
电　　话	（010）59417747　59419778	
社　　址	北京市海淀区西三环中路 10 号望海楼 E 座 7 层	
邮　　编	100142	
印　　刷	三河市天润建兴印务有限公司	
版　　次	2022 年 6 月第 1 版	
印　　次	2024 年 7 月第 2 次印刷	
开　　本	880 毫米 × 1230 毫米　　1/32	
印　　张	9	
字　　数	145 千字	
书　　号	ISBN 978-7-5139-3781-8	
定　　价	45.00 元	

注：如有印、装质量问题，请与出版社联系。

前言

为杜甫立传，并不是一件易事。杜甫容易写，童叟皆知的大诗人，可写之处实在是太多。杜甫又难写，他一生的传奇经历和"诗史"的作品风格，让人面对其人其文，不知该如何下笔。

杜甫不是一般人，他是诗圣，他的诗是诗史。

但是，杜甫的一生行藏还是需要更多的人去了解，只有了解其人，才能更加对其文高山仰止。满怀对诗圣的崇敬，我写下自己心中的杜甫，于是有了这本书稿。本书分八章，以时间为经，事件为纬，穿插杜甫的行迹和诗作，网状地介绍杜甫的一生。

第一章是名门之后壮志酬。杜甫出生官宦世家，祖父是唐朝"文章四友"之一的杜审言，可谓书香门第。家境优越，又逢开元盛世，社会安定，杜甫的童年生活是无忧无虑的，得以饱读诗书，接触到上层社会。

第二章是裘马清狂少年游。成年后，杜甫开始了十年的吴越和齐赵的漫游时光。这段时光杜甫得以饱览大好河山，结交天下好友，并认识了李白，过着裘马轻狂的日子。

第三章是客居长安仕途难。在父亲的要求下，杜甫开始赴长安参加科举，多次考试未中，由于李林甫"野无遗贤"的骗局，成了科举的牺牲品。杜甫父亲在任上去世，杜甫没有了经济来源，生活日渐拮据。长安居不易，他就在长安的贵族府邸中充当"宾客"，写诗或者卖些草药以换取"残羹冷炙"。这段时间，他的人生境遇急剧转化，他看清了人情冷暖，感受到了政治的腐败。

第四章是安史之乱流离苦。杜甫把妻儿送到了奉先县，自己独自在长安寻求仕途和出路。为了生活，在四十四岁的时候，他接受了右卫率府胄曹参军的职务，负责看管兵甲器仗和门禁钥匙。十年的长安生涯，没有等来平步青云的机会，等来的却是安史之乱的消息。安史之乱让大唐王朝开始大厦倾颓，战火纷飞，百姓纷纷逃难，杜甫一家人也夹在流民队伍里，他切身体会到战争给人民带来的灾难。后虽身陷叛军，但他一心向朝廷，历经艰辛逃离长安，衣衫褴褛，麻鞋见天子，被任命为左拾遗，这也是他一生中唯一的政治高峰。

第五章是为官几载终弃官。杜甫尽忠职守，为营救房琯而上疏唐肃宗，却锒铛入狱，被三司会审，最后在张镐的营救下无罪释放。从此，杜甫离政治中心也越来越远。也在这一年，杜甫得以回到鄜州探亲，战乱中家人团聚，甚是心酸和欣慰。杜甫再次回到长安后，被贬为华州司功参军。不久，杜甫放弃了这个职位，开始了他的陇右漂泊生活。

　　第六章是漂泊西南天地间。带着家人在秦州、同谷的这段日子异常艰苦，无衣无食，也让杜甫更深地接触到底层人民，看到战乱带给百姓的家破人亡之苦。陇右不可居，杜甫继续带着一家人迁徙，来到了成都。成都是杜甫生命中一个温馨的驿站，也是中国文学史上不可不提的一个点，因为这里有成都草堂。在成都，杜甫得到剑南节度使严武的照顾，入严武幕府，有了生活来源，颠沛流离的杜甫暂时得以享受一下闲适的生活。

　　第七章是江舟从此别人间。可惜不久，严武去世，成都大乱，杜甫又开始了漂泊生涯。杜甫最后两年几乎是在江舟上度过的，小舟漂到了夔州、岳州、潭州、衡州，最后到了耒阳县的方田驿，杜甫的一生在风雨中悄然而逝。

　　第八章是诗中圣哲著千秋。杜甫的妻子杨氏陪伴着杜甫东奔西走，夫妻伉俪情深，困苦之中相互扶持，不可不写。杜甫的诗歌流传千古，因为杜诗，弥补了史书的缺失部分；因为杜诗，我们感受到杜甫的伟大人格魅力。

　　杜甫的一生早就被历史定格，诗文也被传颂千年。这本书参考了杜甫年谱，尊重史实，也不乏想象，写下了杜甫艰难的一生。无论处境如何，始终家国情怀；纵使千难万苦，心系黎民百姓。千年的时光磨灭了许多爱恨情仇，但诗圣杜甫的光辉永远灿烂不休。

目　录

第八章　诗中圣哲著千秋

第一章　名门之后壮志酬

名门之后

作为诗人，杜甫俨然已成为一个时代的象征。王国维说："一代有一代之文学。"杜甫生活的唐朝，是诗歌创作的辉煌时代。从诗人荟萃的时代里脱颖而出，写下许多忧国忧民、反映现实的诗歌，被后世尊称为"诗圣"，杜甫无疑是伟大的，其诗歌更是不朽的。

深邃的目光、瘦削的脸庞，总是心事重重的样子，杜甫给人的印象与潇洒飘逸的诗仙李白形成鲜明的对照。这与他的一生历经战乱，生活凄苦有很大的关系。很多人认为杜甫是一介布衣，出身贫寒，否则如何能深刻地体验民间疾苦呢。殊不知他是名门之后，其家族是一个有着悠久传统的官僚家庭，"远自周室，迄于圣代，传之以仁义礼智信，列之以公侯伯子男"。

杜甫（712—770），字子美，祖籍襄阳，河南巩县（今河南省巩义）人。出身于京兆杜氏，是北方的大士族，因此杜甫自号"杜陵野老"，其远祖可追溯到汉武帝时期有名的酷吏杜周。杜甫是晋代名将杜预的十三代孙。杜预是京兆杜陵人，西晋时期著名的政治家、军事家和学者，灭吴统一战争的统帅之一。其文武双全，博学多才，勤于著述，样样精通，因此被称为"杜武库"，是明朝之前唯一一个同时进入文庙和武庙之人。《滕王阁序》中"紫电青霜，王将军之武库"，即将王将军比作杜预，极尽恭维。

杜甫对杜预极为推崇，曾经到杜预坟墓所在的首阳山下住了一段时间。日日瞻仰先祖，让杜甫的景仰之情与日俱增。他写下了《祭远祖当阳君文》，表达对先祖的崇敬和赞美，字里行间流露着自己作为杜预后人的骄傲和自豪。"降及武库，应乎虬精。恭闻渊深，罕得窥测，勇功是立，智名克彰。缮甲荆州，祓清东吴，建侯于荆，邦于南土。河水活活，造舟为梁。洪涛，莽沨，未始腾毒，《春秋》主解，膏隶躬亲。"同时，他也希望自己能够继承杜氏家族奉行儒家的传统，"小子筑室，首阳之下，不敢忘本，不敢违仁"。

杜甫的祖父是唐代大诗人杜审言。杜审言（约645—约708），字必简，唐高宗咸亨进士，官修文馆直学士，与李峤、崔融、苏味道合称"文章四友"。其在诗坛的地位，与宋之问、沈佺期相当。杜审言的诗多是写景、唱和及应制之作，以浑厚见长。杜甫云"吾祖诗冠古"，可见其对于祖父诗歌的推崇。杜审言工于五律，对近体诗之形成与发展，颇有贡献，被后人评论为中国五言律诗的奠基人。他的五律《和晋陵陆丞早春游望》，"意起笔起，意止笔止，真自苏、李得来，不更问津建安"，被明朝的胡应麟赞许为初唐五律第一。

独有宦游人，偏惊物候新。

云霞出海曙，梅柳渡江春。

淑气催黄鸟，晴光转绿蘋。

忽闻歌古调，归思欲沾巾。

诗遂成为杜氏家族的新传统，以至杜甫曾对儿子说"诗是吾家事"（《宗武生日》），勉励儿子继承写诗的家风。

杜审言自恃才高，常常自高自大，为人傲慢。他曾说："吾文章当得屈、宋作衙官，吾笔当得王羲之北面。"意思是他的文章超过了屈原、宋玉，书法连王羲之见了都觉得羞愧。苏味道任天官侍郎时，有一次杜审言参加官员的预选试判，出来后他对旁人说："苏味道必死。"旁人皆大惊失色，忙问是何原因，他回答说："他见到我的判词，应当羞愧而死。"晚年病重时，宋之问、武平一曾去看望他，他对二人说："我受尽了造化小儿的苦，还有什么可说的！不过我活着，老是让你们出不了头。如今我快死了，只是遗憾找不到接替我的人呀！"其目中无人可见一斑。

杜审言"恃才高，以傲世见疾"，时常出言不逊，得罪人，终于遭受了一场大祸。武后圣历二年（699），杜审言因得罪了权贵，被贬为吉州（今江西吉安）司户参军。杜审言"又与群僚不叶"，司户郭若讷在司马周季重面前陷害杜审言，二人罗织罪名，将杜审言关进牢狱，将欲杀之。杜审言的次子杜并十三岁，亦随父赴任，得知父亲将被奸佞所害，悲痛欲绝，不思饮食，日渐消瘦，整天不说话。"盐酱俱断，形积于毁，口无所言。"思虑许久，杜并的心里萌生出冒死报仇的念头。

儒家经典《礼记·曲礼》云："父之仇弗与共戴天，兄弟之仇不反兵，交游之仇不同国。"儒家的经典《春秋·公羊传》也说："不复仇，非子也。"最有名的当属伍子胥为父兄复仇的故事。春秋时期伍子胥的父兄因谗言，被楚平王冤杀。伍子胥历经艰辛逃亡到吴国，处心积虑，为吴国练兵，最后，指挥吴国大军攻入楚国。尽管当时楚平王已经死了，伍子胥依然把楚平王尸体挖出来，鞭尸三百以报仇雪恨。

在尊崇儒家思想的杜氏家族，杜并对这些经典和故事太熟悉了。不惜任何代价为父报仇雪恨，既是父子之情，也是儒家称颂的崇高德行。杜并下定决心，制定复仇计划。

他每日打探司马府的动静，终于打听到是年七月十二日，周季重将在府内大摆宴席。杜并化装成司马府的家仆潜入司马府，见周季重坐在首席，正与众人推杯换盏。他端着一个酒壶，悄悄走到周季重身边，乘其不备，突然从袖中抽出匕首，朝周季重猛刺。席间顿时大乱，府内官兵立即围拢上来，乱刀中杜并被砍死。周季重也重伤不愈，奄奄一息，临死前，他说了一句非常懊悔的话："审言有孝子，吾不知，若讷故误我。"

事情震惊了朝野，杜审言因此得救。人人都被杜并舍身救父的故事所感动，说杜并是孝子。侯门之后、文章与张说并称为"燕许大手笔"的苏颋为他作墓志，赞曰"安亲扬名，奋不顾命，行全志立，殁而犹生"。工文辞、与王勃齐名的刘允济为他作祭文。后来，武后召见杜审言，欣赏他的诗文才华，想留用他，问曰："卿喜否？"杜审言想起儿子惨死，百感交集，遂蹈之舞之以谢恩。武后令他作《欢喜诗》，诗成后很满意，授著作佐郎，迁膳部员外郎。

杜甫吸收、借鉴了祖父杜审言的诗歌创作体式及艺术风格，也受到了杜审言狂放夸大的性格影响。在政治上，他以稷、契自比，有着"致君尧舜上，再使风俗淳"的高远志向；在文学上，他"气劘屈贾垒，目短曹刘墙"，连曹植、刘桢都不放在眼里。当然，这是早年的杜甫，在历经生活的艰辛和仕途坎坷之前，每个年轻人都是豪情万丈，摩拳擦掌想在社会上有一番作为。

杜甫的母亲出身清河崔氏。这个家族是个历史悠久的名门望族，在唐代仍是五姓七望之一。崔氏很早就去世了，杜甫对她没有什么印象，也没有为她写下只言片语，但写舅父的诗作却有很多。

贤良归盛族，吾舅尽知名。

——《奉送二十三舅录事崔伟之摄郴州》

感深辞舅氏，别后见何人。

——《奉送十七舅下邵桂》

吾舅政如此，古人谁复过。

——《白水明府舅宅喜雨》

行李淹吾舅，诛茅问老翁。

——《巫峡敝庐奉赠侍御四舅别之澧朗》

这些舅舅们不一定是其母亲的亲兄弟，但也可见，其舅家定是人口众多的大家族。杜甫很少提及母亲这一支的家族史。在父亲和舅父们的叙述中，他早就将故事的来龙去脉烂熟于心。浓烈的悲剧色彩让他一旦陷入过去，眼前就是刀光剑影、血雨腥风。

唐太宗李世民的第十子李慎，被封为纪王，年少好学，善星步。任襄州刺史时，因为政绩不错，百姓为他立石颂德。纪王李慎与越王李贞齐名，人称他们两个为"纪越"。武后执政后，李贞联合诸王起兵，后失败。李慎虽然不肯"同谋"，但也受牵连下狱，流配岭外，死于道上。李慎的次子义阳王李琮也被抓进河南狱。义阳王有一个女儿，嫁给了崔氏，她就是杜甫的外婆。当时她穿着布衣草鞋往来于关押父母的监狱为他们送饭，洛阳的很多人见了都很感动。杜甫也曾在《祭外祖祖母文》中回忆："初，我父王之遭祸，我母妃之下室，深狴殊涂，酷吏同律。夫人于是布裙扉屦，提饷潜出。"然而，她的孝心没有感天动地，义阳王和他的两个弟弟都在流放地被杀。

义阳王的两个儿子李行远和李行芳，也就是杜甫母亲的舅舅，被流放到西康西昌。武后下令斩草除根，按照当时的法令，李行远是成人，应处死，但李行芳还是小孩子，可以免于一死。可他不愿独活，哭着死抱住哥哥不放，还求代哥哥死，最后两个人都被杀。两兄弟的故事感动了当地的百姓，人们纷纷传诵他们的事迹，称赞兄弟俩为"死悌"。这个故事很像"覆巢之下，安有完卵"。孔融被害时，祈求保全两个孩子的性命。但他的儿子从容地对他说："父亲难道见过倾覆的鸟巢下面还有完整不碎的鸟蛋吗？"果然，逮捕他们的差役也到了。无论是李行芳还是孔融之子，一个不愿独活，一个不能苟活，面对死亡从容坦然，既是内心的情意，也是对现实的清醒认识。

杜甫外祖父的母亲是唐高祖李渊第十八子舒王李元名的女儿。李元名在武后永昌年间被武后党羽陷害，被流放到利州（今四川广元），不久被杀。由此可见，杜甫的外祖母和外祖父两个家族都是李唐皇室血统，在武后对李氏宗族的屠杀中，他的外祖父、外祖母所处的两支，大都惨遭荼毒，充满了血泪和仇恨。

到杜甫出生的时候，父系的荣耀和母系的血仇都离他很远了，名门之后的身份也没有给他带来任何实际的东西，只给他一些引以为傲的幻想。杜甫在夔州与高祖第十六子道王李元庆的玄孙李义相遇，就曾写下这样的诗句："神尧十八子，十七王其门。道国洎舒国，督唯亲弟昆。中外贵贱殊，余亦忝诸孙。"二人细数家谱，对身上流淌的李唐皇室血液，感到无比自豪。但没落贵族的悲凉似乎只赋予残烟暮照，两个孤单的人对着滔滔江水发了一番感慨后，就擦肩而过了。

童年生活

公元 712 年，杜甫出生于河南巩县。父亲杜闲，生于唐高宗永淳元年（682），睿宗景云元年（710）与元配清河崔氏结婚，生一子杜甫。崔氏去世后，杜闲于玄宗开元十一年（723）与继室卢氏再婚，生四子一女。

至于杜甫的母亲崔氏，没有关于她的故事和传说。但其父母家族的血泪史，对她的性格一定是有影响的。她的母亲是那样一位勤孝的女子，耳濡目染，使她养成了美好的品德。她一定是聪颖忧郁、多愁多病的，否则怎么会早早离世，所生的唯一的孩子成了一代诗圣呢。在短暂的生命里，她匆匆而过，连姓名都不曾留下，只有一个关于她名字的猜测。

杜甫写过不少花草树木的诗，尤其在四川近十年期间，几乎咏遍了成都的花木，但他流传后世的诗集中，竟没有一首写海棠的诗歌，甚至没有出现过"海棠"两个字。杜甫死去一百余年之后，诗人郑谷到四川，看到那里的海棠花开得挺漂亮，于是写了一首绝句：

> 浓淡芳春满蜀乡，半随风雨断莺肠。
>
> 浣花溪上堪惆怅，子美无心为发扬。
>
> ——郑谷《蜀中赏海棠》

此诗之后，杜甫不咏海棠诗之事便被文人频频提及，渐渐成了一桩文坛公案。王安石在一首咏梅花的诗里就有"少陵为尔牵诗兴，可是无心赋海棠"两句；女诗人朱淑真，在其《海棠》诗中也有"少陵漫道多诗兴，不得当时一句夸"两句。苏轼有一首赠妓诗这样写道："东坡居士闻名久，为何无诗赠李宜？恰似西川杜工部，海棠虽好不题诗。"

杜甫到底有没有吟咏过海棠，如果没有，又是何缘由，历来众说纷纭。其中一种说法就是杜甫的母亲名叫海棠，或名字中有一棠字，按照唐人名讳习俗，杜甫不能将母亲的名字写入诗中。就像为避父亲名讳，杜甫的诗歌中通篇没有一个"闲"字。因为父亲名为李晋肃，李贺便不能参加进士考试，在当时，父母的名字是不能随便说写的。

《杜甫全集》里没有海棠诗，是否因为其母名海棠，后人不得而知。当然，其他的推测也颇有道理，也许杜甫写过海棠诗，只是诗稿遗失，又或者海棠在盛唐时期并未成为诗歌题材，没有写过海棠诗的诗人还有许多……不管如何，海棠花作为花中神仙，花开妖娆、艳丽动人，以海棠为名，多了些诗意与风姿，也算不负佳人了。

杜甫从未提及自己的继母卢氏，可能对她感情不深。但杜甫在诗中一再提到弟弟妹妹，虽然同父异母，却与他们感情深厚。

有弟有弟在远方，三人各瘦何人强？

生别展转不相见，胡尘暗天道路长。

东飞鴐鹅后鹙鸧，安得送我置汝旁！

呜呼三歌兮歌三发，汝归何处收兄骨？

有妹有妹在钟离，良人早殁诸孤痴。

长淮浪高蛟龙怒，十年不见来何时？

扁舟欲往箭满眼，杳杳南国多旌旗。

呜呼四歌兮歌四奏，林猿为我啼清昼！

——《乾元中寓居同谷县作歌七首》（节选）

戍鼓断人行，秋边一雁声。

露从今夜白，月是故乡明。

有弟皆分散，无家问死生。

寄书长不达，况乃未休兵。

——《月夜忆舍弟》

在战争频仍、饥寒交迫的日子里，他仍然深切地挂念着自己的弟弟妹妹们。尤其是《月夜忆舍弟》一首，由于战事阻隔造成音信不通，弟弟们又离散各地生死未卜，作者内心感到无比焦虑，对弟弟们的思念和担忧溢于言表。"露从今夜白，月是故乡明"，如果没有深厚的感情基础怎能吟诵出这样的佳句。

年幼丧母，杜甫是很不幸的，然而他的幸运在于遇到了一位好姑母。杜闲因为公务繁忙，无力照顾这个幼小的失去母亲的孩子，就将杜甫送到洛阳的姐姐家中寄养。姑母对这个可怜的孩子视如己出，不光教他读书识字，对他的生活也照顾得无微不至。年幼的杜甫每天和表弟一起游戏玩耍，写字学画，生活得很愉快。不久，杜甫和表弟同时染上了严重的时疫。他的姑母无论怎样地求医问卜，两个孩子的病情都没有好转。焦头烂额的她只好去问女巫，女巫告诉她，屋子的东南角最吉利，把哪个孩子放在东南角，哪个就有痊愈的希望。她听了这话，回到家中，发现东南角只能睡下一个孩子。她想了想，将幼小的侄儿抱到了东南角的小床上。过了几天，杜甫的病慢慢有了好转，自己儿子的病却越来越严重，最后竟死去了。

《世说新语》里面有个"伯道无儿"的故事，与此事类似。晋代邓攸，字伯道，襄陵人。为了躲避战乱，带着儿子和侄儿一起逃难。在危难关头，他舍弃自己的儿子，保全了侄儿。后来他终身没有孩子，当时很多人为之感动，抱憾地说："天道无知，使邓伯道无儿。"杜甫的姑母与邓伯道一样，都是有高义之人，有着怎样坦荡无私的胸怀才能如此舍己为人。

幼年的杜甫还没有记忆，直到成年后，有人告诉他这件事情，他的内心受到很大的触动，觉得自己的生命是另一个人换来的，对给予他无私关爱的姑母更是心存感激。天宝元年（742），杜甫三十一岁时，姑母京兆杜氏去世。杜甫哀痛不已，写了墓志铭《唐故万年县君京兆杜氏墓志》以报答她恩情。

在姑母的精心照顾下，杜甫逐渐成长。虽然少小多病，但他的体魄还是随着年龄的增长渐渐强健起来，成了一个健康活泼的孩子。开蒙后，杜甫的生活开始伴着书声，到了七岁时开始学习作诗，一开口就作了一首咏凤凰的诗。可惜这样的诗作并没有流传下来，也不知道那时的杜甫是怎样的神童，要不然，也会像骆宾王的《咏鹅》一样成为中国一代代孩童必背的开蒙诗了。杜甫曾在《壮游》诗的开篇就叙述了自己与艺术结缘的经过。

往昔十四五，出游翰墨场。

斯文崔魏徒，以我似班扬。

七龄思即壮，开口咏凤凰。

九龄书大字，有作成一囊。

——《壮游》

九岁时，他开始临摹大字，学习书法。祖父杜审言曾狂言自己的书法能让王羲之感到惭愧，虽为夸张，但也不可否认其书法功底一定是相当深厚的。有这样的家学渊源，杜甫的书法也一定不错，只可惜传世很少，唯有《严公九日南山诗》相传为杜甫唯一存世的书法作品。其"书贵瘦硬"的书法美学观对后世也产生了一定的影响，这与他的勤奋努力是分不开的。

十四五的杜甫，在文坛已崭露头角，文章诗作还得到当时有名的文士魏启心、崔尚的肯定，赞扬他的文才同班固、扬雄一样，这当然是对一个文坛新人极大的褒扬。少年杜甫，在不断地作诗、写字、读书中充实生活，为"奉儒守官"的家世风范而努力。但他并没有染上文弱书生的酸腐之气，反而活泼好动，一刻不得清闲。他在成都草堂回忆过往时曾写道：

忆年十五心尚孩，健如黄犊走复来。

庭前八月梨枣熟，一日上树能千回。

——《百忧集行》

虽然已经十五岁了，健壮得像个小牛犊，但少年杜甫的心智还像个小孩子，整天跑来跑去，不知疲惫。八月秋风送爽，庭院里的梨和枣成熟了，家人准备用竹竿打果子时，杜甫早就像猴子一样爬到高高的树上，替大家摘梨摘枣，一天能爬上千回，欢声笑语从庭院里飞出，传到很远的地方。

大唐盛世是中国古代史上最辉煌灿烂的篇章。经过太宗贞观之治，武后贞观遗风，到了开元盛世，大唐王朝的国力已达到了空前强盛，疆域辽阔、民族和睦、人才济济。唐朝的统治者，对外来文化采取兼容开放的政策，唐太宗就说过："自古皆贵中华，贱夷狄，朕独爱之如一。"大唐王朝的开明和繁华吸引了世界各国的国君、使臣以及各行各业的人们，世界各地的文化在长安完成了大融合，而陆上丝绸之路也将古老灿烂的中华文明传播到世界各地。长安城，是大唐王朝的政治经济中心，是当时世界上最富丽堂皇的大都市，各地身怀绝技的人们都想在长安城一显身手。来自西域的舞蹈带来了大漠狂野的气息，有一种浑脱舞流行一时，逐渐与当地的舞蹈融合，形成了新的舞种，剑器浑脱就是其中一种。在教坊舞女中，最精于剑器浑脱的当属公孙大娘。

公孙大娘本在民间献艺，因技艺超群，应邀到宫廷表演。公孙大娘并不是年纪较大的妇人，而是一位年轻貌美的女子，因是家中的大女儿，故称大娘。其舞技如何，在杜甫的《观公孙大娘弟子舞剑器行》一诗中，忆起了现场观看表演的盛况。

大历二年十月十九日，夔府别驾元持宅，见临颍李十二娘舞剑器，壮其蔚跂，问其所师，曰："余公孙大娘弟子也。"开元三载，余尚童稚，记于郾城观公孙氏，舞剑器浑脱，浏漓顿挫，独出冠时，自高头宜春梨园二伎坊内人洎外供奉，晓是舞者，圣文神武皇帝初，公孙一人而已。玉貌锦衣，况余白首，今兹弟子，亦非盛颜。既辨其由来，知波澜莫二，抚事慷慨，聊为《剑器行》。昔者吴人张旭，善草书帖，数常于邺县见公孙大娘舞西河剑器，自此草书长进，豪荡感激，即公孙可知矣。

　　昔有佳人公孙氏，一舞剑器动四方。

　　观者如山色沮丧，天地为之久低昂。

　　霍如羿射九日落，矫如群帝骖龙翔。

　　来如雷霆收震怒，罢如江海凝清光。

　　绛唇珠袖两寂寞，晚有弟子传芬芳。

　　临颍美人在白帝，妙舞此曲神扬扬。

　　与余问答既有以，感时抚事增惋伤。

　　先帝侍女八千人，公孙剑器初第一。

　　五十年间似反掌，风尘澒洞昏王室。

　　梨园弟子散如烟，女乐馀姿映寒日。

　　金粟堆南木已拱，瞿唐石城草萧瑟。

　　玳筵急管曲复终，乐极哀来月东出。

　　老夫不知其所往，足茧荒山转愁疾。

——《观公孙大娘舞剑器》

　　开元五年即公元 717 年，杜闲担任了郾城尉，便把儿子杜甫接到郾城。郾城位于沙澧河交汇处，因有漕运之利，经济发达、文化繁荣，每天各种各样的文艺演出活动层出不穷，还涌现出许多闻名遐迩的艺术家。公孙大娘就是其中的佼佼者，其剑器浑脱舞号称天下第一。相传吴州人张旭，善草书，在邺城经常观看公孙大娘跳西河剑器舞，深受启发，从此草书书法大有长进，后世称其为"草圣"，可见其剑舞的超凡脱俗。

一天，公孙大娘要在郾城表演剑器浑脱舞，大家奔走相告，整个城市万人空巷，杜闲也带着小杜甫前往观看。人群将表演场地围成一个圈，个个屏气凝神以待，在年幼的杜甫看来简直像座座高山一样。一位身着戎装的美丽女子手执利剑出场，空气顿时安静下来。女子刚一舞动，所有人瞬间被牵引到舞者创造的神奇世界里。宝剑的寒光在眼前飞舞，如同后羿射落九日；矫健敏捷的舞姿，恰似天神驾龙飞翔。起舞时剑势如雷霆万钧，令人屏息；收舞时平静，好像江海凝聚的波光。整个过程变幻莫测，每一个动作都如同行云流水般，以致舞蹈结束许久，人群还久久不散，回味无穷。

公孙大娘非凡的技艺让杜甫终生难忘。大历二年（767）十月十九日，杜甫在夔州（今重庆奉节）别驾元持家里，观看临颍李十二娘表演剑器舞。其舞姿多变非常壮观，却有似曾相识之感，于是杜甫上前打听，才

知道李十二娘正是公孙大娘的徒弟。千里之外得遇故乡
人，杜甫不禁感慨万分，五十年前在郾城观看公孙大娘
演出的盛况又浮现在眼前了。饱经战乱流离之苦的杜
甫，回想起往事，今非昔比的嗟伤和兴衰之感一齐涌上
心头，只能对着时光与世事发出一声长叹。

第二章　裘马清狂少年游

吴越之游

　　唐代的文人在入仕之前多有一段漫游的经历，漫游的处所或名山大川或通都大邑，正如李白所说的"大丈夫必有四方之志，乃仗剑去国，辞亲远游"。

　　名山大川的游历，可以开阔视野，陶冶情趣，提升审美能力，还能提高诗歌创作的境界。在祖国的大好河山中纵情山水，也是人生不同寻常的体验。在游历的过程中，除了游山玩水，还有求仙问道的。在唐代，道教因受到统治者的推崇而盛行，名山访道成为一种风尚。李白就是其中最典型的一位。"五岳寻仙不辞远，一生好入名山游"，其人还被贺知章称之为"谪仙人"。生于盛世的文人，其精神面貌也是昂扬的，渴望建功立业，扬名天下。"初唐四杰"的杨炯就写下"宁做百夫长，胜作一书生"的诗句。因此，边塞也是漫游的重要地点，高适、岑参就是这一类文人。

　　漫游的另一个重要去处是通都大邑。洛阳、长安、扬州等地富庶繁华，文人们到处结交志同道合的朋友，也结识一些达官贵人，用自己的诗文来博取名望。

总之，漫游的目的就是为入仕做准备。走出家乡狭窄的空间，到广阔的天地中去遨游，是学习的过程，也是自我宣传的手段。"读万卷书，行万里路"，从书本中抬起头来，用双脚去丈量世界的长度，呼吸新鲜的空气，对于一个人自我修养的提升是极其重要的。而结交权贵，获得他们的吹捧，让自己的声名被更多的人知晓，对仕途的进取也有很大的作用。毕竟，考官的判断带有主观性，投考者的声名有时成为取舍的唯一标准。声名更大者，得到最高统治者的赏识，则能免去科举考试而直接走上仕途，李白就是。还有不少士人，科举之外，为谋生路，去拜谒地方长官，在他们的幕府求得暂时的安宁。更有一些贫困落魄的文人，靠着向权贵呈献字画诗文换取生活的费用和物资，早年的高适和后来的杜甫，都是这样的文人中的一员。寒门士子们有的赴京应试，千里奔波；有的边塞御敌，建功立业；有的则归隐山林，以隐求仕……文人们通过种种途径来实现自我价值，奔波往来，游历四方，推动了文人士子漫游风气的形成。

漫游需要经济基础。青年时代的杜甫还全然没有物质上的烦恼，父亲做官，虽不是大富大贵，倒也算得上小康，这样的家庭环境为后来的几次长期漫游提供了物质保障。开元十八年，十九岁的杜甫北渡黄河出游郇瑕（今山西猗氏县），在那里停留了很短的时间。他曾在《哭韦之晋》中写道："凄怆郇瑕地，差池弱冠年。"《奉酬寇十侍御锡见寄四韵复寄寇》也有"往别郇瑕地，于今四十年"的句子。可见，虽是短暂的出游，但因为结识了韦之晋、寇锡等好友，仍然给他留下了深刻的印象。

真正漫游的开始应该是公元732年，这一年杜甫二十岁。《进三大礼赋表》中云："浪迹于陛下丰草长林，实自弱冠之年矣。"此时的唐王朝已经到了最繁盛的时期，杜甫在《忆昔》中写道：

　　忆昔开元全盛日，小邑犹藏万家室。
　　稻米流脂粟米白，公私仓廪俱丰实。
　　九州道路无豺虎，远行不劳吉日出。
　　齐纨鲁缟车班班，男耕女桑不相失。

开元盛世之时，无战争之忧，国家太平，人口众多，小城市就有万户人家。农业丰收，粮食储备充足，公家私人的仓库都装得满满的。社会秩序安定，道无寇盗，路无豺虎，旅途平安，随时可以出门远行，不必选什么好日子。四通八达的水陆交通促进了手工业和商业的发达，贸易往来的商贾车辆和船只络绎不绝。男耕女桑，各安其业，各得其所。诗人用短短的几句话，勾勒出一幅和乐繁荣的社会图画。无论是漫步杏花春雨江南还是驰骋塞北黄沙大漠，通衢大道和沿途的驿站，为出行提供了极大的便利。杜甫的第一次漫游，就是下姑苏、渡浙江、游剡溪，把江南的一缕荷香，戴在身上。

东下姑苏台，已具浮海航。

到今有遗恨，不得穷扶桑。

王谢风流远，阖庐丘墓荒。

剑池石壁仄，长洲荷芰香。

嵯峨阊门北，清庙映回塘。

每趋吴太伯，抚事泪浪浪。

枕戈忆勾践，渡浙想秦皇。

蒸鱼闻匕首，除道哂要章。

越女天下白，鉴湖五月凉。

剡溪蕴秀异，欲罢不能忘。

这首《壮游》中的一段，详叙了吴越之游时，观名胜古迹，发古今之慨。这一次的吴越之游历时四年。杜甫选择漫游吴越一带，首先是有人事方面的原因。他的叔父杜登在浙江武康（今浙江湖州）做县尉，一位姑父在江苏常熟当县尉，直到安史之乱后，他的姑妈还留在那里。有了亲戚的照顾，游历过程中就省去许多的麻烦，而且还会得到一些帮助，况且亲戚多走动，自然更亲热些。

　　当然，江南是六朝故地，王谢的风流、六朝的绮靡还留下鲜明的痕迹。六朝时很多著名的文学家、诗人都曾生活在江南，并留下了许多名作。饱读诗书的杜甫，自然在少年时就熟读陶渊明、谢灵运、鲍照、谢朓、阴铿、何逊、庾信等人的诗作，对这块产生了无数诗歌的土地无比向往。能置身江南灵秀的山水中，探寻前人的足迹，寻找那些优美诗歌的滥觞，是怎样的人生快事啊。何况家乡的风土人情与江南的柔媚完全不同，当小船轻悠悠地顺着河道一路南下，眼前的景色渐渐不同，杜甫是用一种什么样的心情迎接触目皆是的美景呢？

　　"在家乡，一切都是单调、平凡，青的天笼盖着黄的地，每隔几里路，绿杨藏着人家，白杨翳着坟地，分布得驿站似的呆板。土人的生活也和他们的背景一样的单调……从那样的环境，一旦踏进山明水秀的江南，风流儒雅的江南，你可以想象他是怎样的惊喜。"闻一多在《杜甫》中用奇妙的想象，把我们带到那个满脸兴奋的青年面前。不计其数的前人诗句在脑子里盘旋，都无法形容眼前的旖旎秀美，一抹淡淡的愁绪似柳梢的一缕轻烟，若浓若淡、似有还无。

先下姑苏吧。登临姑苏台上，风吹来亘古的气息，残垣断壁上的青苔斑驳了时光的痕迹。如果回到一千多年前，是否能听见夜夜笙歌，看到美丽的结着愁怨的女子呢。姑苏台是吴王阖闾花费五年时间建成的，后来吴王夫差重建姑苏台，在台上修建了春宵宫，整日宴饮享乐。又开凿天池，日日与西施泛舟池上，嬉戏游乐。为了满足荒淫的生活，夫差修建了海灵馆、馆娃宫，宫殿用珍珠玉石装饰，极尽奢华。在温柔乡中沉睡的夫差终于等到了复仇的越王勾践，吴国惨败，夫差自刎。辉煌无比的姑苏台被越兵付之一炬，顷刻间，就成了焦黑的废墟，慢慢被风雨掩埋。站在姑苏台荒凉的遗址上极目远眺，茫茫大海席卷着惊涛，拍打着岸边黝黑坚硬的石头。杜甫的思绪竟飘到更远的地方，真想登上海船，一直向东，到遥远的扶桑（日本）去看一看啊，看来要成为遗憾了。

既来姑苏，必游虎丘，这里是埋葬吴王阖闾的地方。相传葬后三日有白虎踞其上，故名虎丘。阖闾生前酷爱宝剑，下葬时以"扁渚""鱼肠"等名剑三千柄殉葬，故有"剑池"一称。古老的虎丘塔隐逸在茂林之中，林风习习吹拂着剑池的清水。高大的树木和逼仄的石壁像卫士般，守卫着埋葬在这里的宝物。

来到吴地，一定要到吴太伯庙前，瞻仰先贤的遗风。孔子说："太伯，其可谓至德也已矣，三以天下让，民无得而称焉。"他是西周祖先古公亶父的长子，本该成为周国未来的国君，但父亲认为小儿子季历圣德贤明，想要破除传位长子的制度传位给季历。太伯知道后，便带着二弟仲雍一起来到了南方，后来成为吴国的始祖。周国的王位终于传给了季历，后来又传给了周文王，到了周武王的时候，周灭掉了殷商，统一了天下。吴太伯三让天下，对周王朝的兴起起了重要作用，他高尚的德行也被历代传颂。每每想起太伯避嫌谦让的美德，杜甫就不禁感动得泪流不绝。巍巍阊门矗立着，破楚的决心依旧不改。太伯庙静静倒映在池塘里，往事已随风飘远了。

王谢的风流早已不再，富贵繁华的高门大族烟消云散。站在历史面前，总让人忍不住唏嘘感慨。等到来到长洲苑，江南的荷花在苍翠的绿色间若隐若现，荷香一缕，暂时忘却了心头沉甸甸的历史和过往。这块土地上的故事太多了，不经意间就会与从前撞个满怀。蒸鱼的时候想起那个把匕首藏于鱼腹中刺杀吴王的侠士；路遇修路之人，又忍不住想起故意穿着破旧的衣服，怀揣着官印羞辱前妻的朱买臣。

渡过钱塘江，杜甫来到越地。越王勾践卧薪尝胆，忍辱负重赋予了坚持的内涵；始皇巡游会稽，刻石记功的石碑还颂扬着功德四方。站在若耶溪畔，溪水清澈见底，一群美丽的女子正在溪边浣纱。西施的传说还在被人们口口相传，就像发生在去岁某个简单的日子里的事情。与夫差的艳事、与范蠡的爱情，那不为人知的结局似乎是参不透的秘密。鉴湖的五月凉爽如秋天，"山阴道上行，如在镜中游"，疏柳淡烟，渔舟唱晚，如诗如画。杜甫乘上小船一路南下，顺着剡溪登临天姥山。几年后，李白也游览了这座名山，留下了《梦游天姥吟留别》的绝世名作。无疑，天姥山的风光美如仙境，让青年杜甫深醉其中、流连忘返。

这块有着厚重历史的土地，战争的风云消散殆尽，美人也难觅芳踪，诗卷里写不下的山山水水，随意走到一处就是一部古籍。年轻的杜甫在吴越大地上纵情欢乐，这是他人生中第一次也是最后一次与江南的邂逅。但这样好的山水怎么忍心轻易抛在时光深处呢，那段恣意随性的日子，早已在杜甫的心中泛起涟漪。待尝尽了生活的千般滋味，回味起这段岁月，像苦涩中的一点温馨，像一场不想醒来的梦。

放荡齐赵间

开元二十三年（735），沉醉在江南的吴侬软语、烟雨迷蒙中的杜甫，收到了一封家书。他缓缓打开，读到最后，眉头紧锁起来。信中父亲告诉他，皇帝将在东都洛阳举行一场科举考试，作为乡贡的他必须参加。

《新唐书·选举志上》："唐制，取士之科，多因隋旧，然其大要有三：由学馆者曰生徒，由州县者曰乡贡，皆升于有司而进退之……其天子自诏者曰制举。"也就是说，常科的考生有两个来源：由京师及州县学馆出身，而送往尚书省受试者叫生徒；不由学馆而先经州县考试，及第后再送尚书省应试者叫乡贡。在此之前，杜甫就已经在家乡小试牛刀，通过了州县的考试，取得了京城应试的资格，成为乡贡。机会难得，何况从小生活在奉儒守官家庭，博取功名是他的责任。江南的友人们纷纷为杜甫饯行，相约登科后再聚。年轻的杜甫饮下一杯酒，顺着大运河，取道水路，一路北上，回到了家乡，结束了浪漫、轻狂而自由的吴越漫游。

> 归帆拂天姥，中岁贡旧乡。
>
> 气劘屈贾垒，目短曹刘墙。
>
> 忤下考功第，独辞京尹堂。

——《壮游》

这一场考试，杜甫落第了。进士考试本来就不是容易的事情，能考中者更是凤毛麟角。"三十老明经，五十少进士"，一语道破了进士考试的难度。诗人孟郊四十六岁进士及第，一首《登科后》道出了内心的狂喜和得意，"昔日龌龊不足夸，今朝放荡思无涯。春风得意马蹄疾，一日看尽长安花"。白居易二十九岁中进士，得意地在大雁塔题上自己的名字，还不忘自负地写下，"慈恩塔下题名处，十七人中最少年"。

放榜之日，忐忑不安的杜甫在金榜上来来回回扫视了很久，还是没有找到自己的名字，失落一下子涌上心头。这个少年苦读，已小有诗名的青年，连屈原、贾谊、曹植、刘桢都不放在眼里，却被现实狠狠地嘲弄了一番。得知此次考试只录取二十七名，几位好友都未中榜时，杜甫的内心稍稍安慰。年轻的杜甫虽没有沉浸在失败的阴影里，但每每想到自己冲天才气却不中时，心中还是难免气恼。或许位卑才庸的考官郎不能识得大才的文章吧，毕竟举人诋诃考官郎的事情不是一次两次了。开元二十四年，皇帝认为考官郎声望太轻，从此改用侍郎主试，这是杜甫落第后第二年的事了。

在洛阳住了一段时日后，想到在兖州任司马的父亲，杜甫便启程去往兖州省亲，顺便游历兖州、齐州的名胜。这也是他人生中的第二次漫游。

放荡齐赵间，裘马颇清狂。

春歌丛台上，冬猎青丘旁。

呼鹰皂枥林，逐兽云雪冈。

射飞曾纵鞚，引臂落鹜鸧。

苏侯据鞍喜，忽如携葛强。

快意八九年，西归到咸阳。

——《壮游》

晚年卧病夔州的时候，听着江涛高一声低一声的怒吼，忍受着饥饿和贫穷的杜甫，思绪不自觉地回到了三十年前。那段时光是多么的快意自由，值得一生慢慢回味啊。

对于儿子的落第，开明的父亲没有责备，这让杜甫的心中减去了许多内疚和不安。不多日，他便在这片土地上纵情驰骋开来。齐赵一带，是现在山东与河北省南部，那里与杜甫家乡的平原不同，与吴越的山水也不一样。"在这里看到的，是自然的最庄严的色相。唯有这边自然的气势和风度最合我们诗人的脾胃，因为所有磅礴郁结在他胸中的，自然已经在这景物中说出了；这里一丘一壑，一株树，一朵云，都能引起诗人的共鸣。"他觉得自己爱上了这块土地上的一切，愿意把年轻的好光阴挥霍给这里的每一天。

初次登临兖州的城楼，纵目远眺，浮云连绵于东海泰山之上，苍茫开阔的原野直入青徐二州。秦始皇的功德碑还屹立在峄山上，像一座孤立的山峰；鲁恭王所修的灵光殿已成为风雨中荒凉的废墟。本就怀古伤感的杜甫，目之所及在渺远的天边，思绪也飞得很远，许多的感慨就从心底喷涌出来。

> 东郡趋庭日，南楼纵目初。
> 浮云连海岱，平野入青徐。
> 孤嶂秦碑在，荒城鲁殿馀。
> 从来多古意，临眺独踌躇。

——《登兖州城楼》

独自登临游览的孤单很快消散了，因为杜甫在这里结识了几位好友。志同道合的人之间总是有说不完的共同话题，杜甫与许主簿就是。一个傍晚，墨云从山的那边涌起，顷刻间铺满天空。惊雷翻山越岭而来，在云间滚动，雨倾泻而下。坐在窗前，看雨珠跳跃在河面，杜甫忽然很想与许主簿对饮。许主簿的车马已经停在门口了，走廊的雨声里伴着匆匆的脚步声。杜甫站起来，觉得大雨滂沱道路泥泞，这样的天气约人做客实在过意不去。但雨未止，心有言，只想借着一杯浊酒与许主簿敞开心扉、缓缓道来。

东岳云峰起，溶溶满太虚。

震雷翻幕燕，骤雨落河鱼。

座对贤人酒，门听长者车。

相邀愧泥泞，骑马到阶除。

——《对雨书怀走邀许主簿》

杜甫在此地结识的另一位好友就是苏源明。苏源明本名叫苏预，京兆武功人（今陕西武功县）。父母早年离世，源明成了孤儿。但他少时就勤奋好学，先后流寓徐州、兖州一带，还曾隐居泰山顶刻苦读书。苏源明读书时生活极为艰辛，敝衣陋食，而且常常挨饿，夜晚读书不得不用薪火照明。杜甫曾在《故秘书少监武功苏公源明》中，写下他孤苦可怜的苦读生活："武功少也孤，徒步客徐兖。读书东岳中，十载考坟典。时下莱芜郭，忍饥浮云巘。负米晚为身，每食脸必泫。夜字照爇薪，垢衣生碧藓。"艰苦的生计使得源明常常以泪洗面，然而他贫能苦志，隐居泰山顶苦读十载，终成饱学之士。

苏源明是杜甫一生的好友。无论身处何方，杜甫常常想起他，想起他少年艰难，后考取功名日渐发达，最后竟饿死长安，而最难忘的应该还是在齐鲁大地上二人相携纵游的自由洒脱吧。那时他们是多么年轻，多么意气风发啊，似乎所有的豪情壮志都在策马奔腾的猎猎风中呼啸而出。

带着弓箭，擎着苍鹰，牵着猎狗，向着郊野奔去。其中一位头戴银盔，挺立马背上，英武非常的就是苏源明。与他并辔同行，穿着轻裘，披一件斗篷，英姿飒爽的便是杜甫。两人相约到郊外狩猎。鸷鹘掠着云在天空划过一条优美的弧线，杜甫放松缰绳，马在无边的旷野飞奔起来，他拉开弓向着苍穹放出一箭，刹那间，鸟儿就落在马前。苏源明拍手叫好，杜甫拾起猎物，得意地举起来，好像一位凯旋的将军。或许苏源明是山简，而自己就是他的爱将葛强吧。几百年后，一位名叫苏轼的知州"左牵黄，右擎苍"，在这块土地上一展豪情，挽着雕弓，渴望杀敌报国，为朝廷重用。只是没有料到，此后的坎坷奔走一如几百年前的杜甫，空有满腔热血，只化为亘古流传的诗篇。

此时的杜甫挟长弓、跨骏马，唱歌或者呼鹰逐兔，在天地间尽情享受着风一样自由快乐的生活。诗言志，歌咏言。意气风发的杜甫所咏的自然是生活里最熟悉、最能抒发豪情的事物，譬如奔驰的骏马、凌空的雄鹰。

　　胡马大宛名，锋棱瘦骨成。

　　竹批双耳峻，风入四蹄轻。

　　所向无空阔，真堪托死生。

　　骁腾有如此，万里可横行。

　　　　　　　　——《房兵曹胡马》

　　素练风霜起，苍鹰画作殊。

　　㧐身思狡兔，侧目似愁胡。

　　绦镟光堪擿，轩楹势可呼。

　　何当击凡鸟，毛血洒平芜。

　　　　　　　　——《画鹰》

在游览了齐赵的山水，耳闻燕赵的悲歌后，这样的雄壮之词不断从杜甫的笔下涌出。这一期间，他还登临了"五岳之首"泰山，其高大巍峨、神奇秀丽的景色让他难以忘怀，于是挥笔写下一首五言律诗《望岳》，从此这首诗便与泰山紧密联系在一起。

　　　　岱宗夫如何？齐鲁青未了。

　　　　造化钟神秀，阴阳割昏晓。

　　　　荡胸生层云，决眦入归鸟。

　　　　会当凌绝顶，一览众山小。

　　　　　　　　　　　　　　　——《望岳》

　　自古以来，歌咏泰山的诗文数不胜数，唯有《望岳》堪称翘楚，以清新凝练的四十个字，写下了泰山的美景、心中的豪情。清人潘相在《事友录》就曾说："予游泰山，仅为《望岳》诗。窃谓子美《望岳》，其诗称绝调。"尤其是尾联一句，意境阔大，有兼济天下、傲视一切的雄心。

　　吴越齐赵的漫游没有为杜甫的仕途带来任何实际的用处，旅途中结识的朋友也无法在事业上给予他帮助。但齐赵放荡轻狂的生活促使了他诗歌风格的形成与成熟，像《望岳》这样较为成熟的诗歌的出现，是杜甫诗歌走向至高境界的萌芽，预示着诗人后来的伟大发展。正如闻一多在《杜甫》中说的，"灵机既经触发了，弦音也已校准了，从此轻拢慢捻，或重挑急抹，信手弹去，都是绝调"。

李杜相逢

开元二十九年，杜甫结束了多年的漫游生活回到了洛阳。因为这一年，他的父亲杜闲病故了。齐鲁大地上的五年时光倏忽而过，以后的生活如衰微的残阳。父亲去世后，杜甫的生活失去了经济保障。战争频仍，人民的愁苦愈积愈深，生活的风暴渐渐逼近了。

杜甫回到首阳山下为父亲守制。他在山下建造了几间房屋，作为住所。而立之年的杜甫，似乎第一次安定下来，日日守望着远祖和祖父的坟墓，渴望能继承先祖的遗风。

第二年，洛阳的姑母也去世了。杜甫对这位姑母非常敬重，不仅是幼时的养育之恩，更是姑母牺牲了自己儿子换了杜甫的命。杜甫为此终生感到沉重。这样一位无私又有大爱的女性，在杜甫的内心俨然如母亲。杜甫痛哭流涕，为她守制、写墓志铭，当时人见了无不感动。在《唐故万年县君京兆杜氏墓志》中，杜甫深情回顾了姑母对他的再造之恩，颂扬姑母如春秋时期的鲁义姑一样有大义，"感者久之，相与定谥曰义"，称之为"唐义姑"。

又过了两年，即公元 744 年五月，杜甫的祖母范太君卒于陈留私第。这位范太君是祖父杜审言的继室卢氏，杜甫对她也是怀着无比崇敬的心理。继祖母卢氏在洛阳杜氏祖茔安葬丈夫杜审言时，不顾"流俗难之"，力排众议，坚持将杜审言与元配薛氏合葬，对自己的身后事，遗令"顺壬取甲"，另穴祔葬在夫墓之下首。其舍弃个人名利、奉行"礼教"的做法对杜甫思想有很大的影响，也让他一生都奉行家族传统，始终"奉儒守官"。

因为父亲杜闲已经去世，杜甫作为嫡长孙代父作《唐故范阳太君卢氏墓志》。在这篇墓志铭中，杜甫极力赞扬继祖母的美德，"实惟太君，积德以常，临下以恕，如地之厚，纵天之和，运阴教之名数，秉女仪之标格。呜呼！得非太公之后，必齐之姜乎？"杜甫将深明大义的继祖母比作晋文公的夫人齐姜。《烈女传》中称赞有胆有识的齐姜为："公正果断，言行不怠，劝勉晋文，返回无疑。公子不听，强与谋议，醉而载之，卒成霸基。"正是因为齐姜的果敢，不以儿女私情为重，灌醉重耳，将他送回晋国，才成就了晋文公重耳的春秋霸业。

在杜甫的人生中，洛阳仁风里姑母的无私给了他重生，继祖母的恪守礼教让他深受触动。这些家族里的伟大女性们，让年轻的杜甫在崇尚儒家思想的家文化中潜移默化，以至他在以后的生命中，无论是何种境况，他总是悲天悯人，以博大的情怀把身处战争危难中的人民放在心上。

短短三年，亲人们的接连离世使得杜甫感到痛心疾首，似乎快乐只留在吴越的山水和齐赵辽阔的原野之上了。他常常闷闷不乐，有时住在首阳山下的草庐中，对着祖先的坟墓感慨；有时住在东都洛阳，为以后的出路作打算。他终于见识了世态炎凉、尔虞我诈，终日在逃离又不得的精神桎梏中挣扎喘息。直到有一天，有一个人突然出现在他的生命中，像一道光，直直射进樊笼，久违的快意与自由又从心底复活起来。

"譬如说，青天里太阳和月亮走碰了头，那么，尘世上不知要焚起多少香案，不知有多少人要望天遥拜，说是皇天的祥瑞。如今李白和杜甫——诗中的两曜，劈面走来了，我们看去，不比那天空的异瑞一样的神奇，一样的有重大的意义吗？"这两人的相逢，在闻一多的眼中俨然碰撞起了耀眼的火光，就如同日月交会的上天祥瑞，是多么值得铭记的历史时刻。然而在何时何处，诗仙与诗圣相遇，目光交接的瞬间是否有相见恨晚的感觉，是否握住对方的手，道一句久仰大名的客道寒暄，这些都成了不为人知的秘密。我们只能在只言片语中，将一段空白填补上自己的想象。

在杜甫畅游吴越、放荡齐赵的时间里，李白正一步步接近唐朝统治阶级的上层，结识了朝廷的权贵、得到了皇帝的赏识，名扬天下。当杜甫回到洛阳，在亲人离世的伤感中悲痛欲绝时，李白经历了人生的滑铁卢，从供奉翰林的得意狂妄到赐金放还的失意佯狂。公元744年的三月，正是杂花生树、群莺乱飞的春天，李白带着赏赐的金银从长安出发，重新开始了浪迹天涯的生活。经历了一段时间的游历后，终于在八月到达东都洛阳。李白的生命一定是少不了酒的。供奉翰林的时候，他与贺知章等人结成"酒中八仙"之游，玄宗呼之不朝。如今回到放浪自由的天地间，大有"羁鸟恋旧林"之感，唯有酒能浇心中的块垒，把佯狂背后的悲凉愁苦化成诗篇。

此时的杜甫，在蹭蹬失落的洛阳处处碰壁，只能与同样失意的旧友们饮酒消愁。文人的圈子说大也大，说小也小。也许是某个闷热的午后，暴雨来临前的阁楼上，又或许在共同的朋友的茅庐中，机缘巧合使两人坐在了一张桌前。饮酒、畅谈、赋诗……生活的失意是在所难免的，知己却世间难逢。声名远扬、仙风道骨的李白无论身处何处似乎都是主角，他写下一首诗，众人皆赞赏不已，年轻的杜甫也和了一首。四十四岁的李白一直自负诗名，当他读到杜甫的诗作，还是暗暗称奇。杜甫虽然久闻李白的大名，但在这位明星一样的人物面前也没有一味称颂，而是不卑不亢，沉稳自如。他们互相交谈起来，以平等的身份，促膝而坐，秉烛夜谈。时间在摇曳的烛光下慢慢流逝，谁知道他们说了些什么呢？在分别的时候，杜甫写下一首诗，约定了下一次的见面。

二年客东都，所历厌机巧。

野人对膻腥，蔬食常不饱。

岂无青精饭，使我颜色好。

苦乏大药资，山林迹如扫。

李侯金闺彦，脱身事幽讨。

亦有梁宋游，方期拾瑶草。

——《赠李白》

这首诗的前八句，自叙了客居洛阳的困境，对都市的钩心斗角感到无比厌倦，对山林生活无限向往。诗的后四句方提及李白，从朝廷的桎梏中脱身而出，可以去探幽寻胜了，既然同是天涯沦落人，不如相约同游梁宋，寻觅传说的仙草吧。整首诗道家的术语很多，出世的思想很浓。很明显，此时的杜甫对世情极端厌恶与失望，萌生出求仙问道、超然尘世的想法，而这样的想法，与李白正一拍即合。

梁园聚会

天宝三载，杜甫与李白一起游梁宋，在宋州，与高适不期而遇。高适字达夫，渤海郡人，此时已到了不惑之年，辗转各地一事无成，遂久居梁宋。高适素有大志，才高有雄气，后进封渤海县侯，完成了从乞丐到封侯的人生逆袭，成为唐代诗人中官场最得意之人。当然，此时的高适还是穷困潦倒，不知前路何处的落魄中年人。杜甫与高适是故交，李白与高适则是新知。三人皆有大才，但都遭遇坎坷、怀才不遇，又趣味相投、惺惺相惜，因此一见如故。酷爱诗酒的三人到酒楼开怀畅饮，畅叙幽情。高适听说二人正结伴同游，想来无事，便自告奋勇与他们一起。

在久负盛名的梁园，他们登上梁孝王修复的吹台，缅怀了春秋时期晋国大音乐家师旷，风吹过，古老的乐声似乎还在久远的时空里回响。站在平台之上，追忆梁孝王喜好文墨、奖赏文人的往事。芒砀山的云烟深处，高祖斩白蛇起义的传说还在代代流传。梁园的盛况虽一去不返，许多美景只剩下荒凉的断壁，但三人仍然兴致勃勃，对着沧桑的旧迹怀古感今。豪放飘逸的李白酒后更是诗性满怀，挥笔在一面白墙上写下了一首《梁园行》。三人走后一位僧人想要用水洗刷去墨迹，这时一位小姐带着丫鬟来到梁园，读到这首诗，心中顿生钦慕之情。她立刻阻止僧人，愿花千两银买下这块墙。这就是"千金买壁"的故事。这位小姐正是前宰相宗楚客的孙女，后来成了李白最后一任妻子。

当然，这样有着浪漫主义美好情愫的故事很适合放在仙气飘飘的李白身上，放在杜甫身上就有违和感。因为杜甫总给人以拘谨的形象，他习惯把美好埋在心底，作为生活温暖的追忆。直到二十多年后，李白、高适都去世了，他写下《遣怀》，像拾起一片久远的时光碎片，拼接起生活里的残缺。"昔我游宋中，惟梁孝王都。……忆与高李辈，论交入酒垆。两公壮藻思，得我色敷腴。气酣登吹台，怀古视平芜。芒砀云一去，雁鹜空相呼……""梁园虽好，不是久恋之家。"这个浪漫纵情、放荡不羁的秋天，因为三位著名诗人的梁园聚会，被记在无数的诗篇中，传诵至今。

秋冬之际，三位诗人登临了单父琴台。单父台即宓子贱琴台。子贱是孔丘的学生，曾作单父宰，鸣琴而治，后人思之，因名其台曰琴台。他们在单父台旁一个叫孟诸的大泽游猎，呼鹰逐兔、纵马飞驰，往往收获颇丰。之后带着猎物走进酒楼，就着野味把酒言欢，每每痛饮狂歌，彻夜不眠。他们都文采飞扬，感慨壮志难酬，他们自负其才，又互相欣赏。人生得遇知己，岂不是第一快事吗？杜甫晚年卧病夔州的时候，曾作《昔游》一诗，追忆这段难忘的时光。"昔者与高李，晚登单父台。寒芜际碣石，万里风云来。桑柘叶如雨，飞藿共徘徊。清霜大泽冻，禽兽有馀哀……"深秋的冷霜冻住了大泽，落叶纷飞如雨。遥望无边的寒芜，万里的风云尽收眼底。这些快意纵游的文人并没有游离社会之外，他们分析当前的情势，一想到皇帝好大喜功、边将们欺上瞒下就忧心忡忡，无奈空有一腔热血，却报国无门。每当想到这些，他们就沉默起来，望着眼前肃杀的秋景，陷入各自的惆怅中。

李白、杜甫、高适在单父逗留了很长时间，留下了许多诗篇。天宝三年的秋末，高适离开梁宋南游楚地，与李杜二人就此别过。饮下饯别的薄酒，高适就南行了。而李白与杜甫还有一桩心愿，去王屋山参拜道士华盖君。

已是冬天了，风刺骨地寒冷，黄河浑浊的浪涛惊天动地般，发出沉闷的吼声。李白和杜甫坐上一只小船，在风浪中渡过了黄河。王屋山远峰近岚，峭壁深壑众多，云雾袅袅处，显出幽深的神秘。两人在深山的石阶上走了许久，不知何处寻觅华盖君。清虚小有洞天，云烟升起的地方似乎是神仙的住处。山鸟凄鸣，枯枝中漏下来的阳光，一路破碎。曲径通幽，绕过一棵遒劲的老树后，一座清冷的道观赫然出现在眼前。只有几个面黄肌瘦的道士坐在观中，问及华盖君，方知已经去世很久了。李白和杜甫怅然若失地站在观前，一群山鸟从深林中惊起，飞向无边的天际。

忆昔北寻小有洞，洪河怒涛过轻舸。
辛勤不见华盖君，艮岑青辉惨么么。
千崖无人万壑静，三步回头五步坐。
秋山眼冷魂未归，仙赏心违泪交堕。

——《忆昔行》

那年的冬天伴随着一丝遗憾悄悄过去了，第二年春天两人到了山东齐州，同游齐鲁。再一次来到齐鲁大地，杜甫感到恍然如梦。几年前放荡自由的齐赵游似乎发生在昨天，那时父亲还是兖州司马，生活的风暴还那么遥远。如今，父亲已去，生活的压力与日俱增，东都的官场令人窒息，他知道自己还是要回到那里去的。齐鲁大地上春意盎然，李白的热情豪放、慷慨大气扫去了生活的阴霾，既然春光如此美好，又怎能辜负呢。两人在东鲁度过了一段"行歌泗水春"的愉快时光。

李白要继续求仙问道，杜甫却对此不太感兴趣了。当时，北海太守李邕的族孙李之芳任齐州司马，建造了一座新亭，邀请李邕来观赏。李邕得知杜甫在齐州，便邀请他一起，这让年轻的杜甫简直受宠若惊了。要知道，李邕是唐代著名的书法家，其为人与才情也为时人所敬重。他喜欢结交名士，虽然已经近七十岁了，却很欣赏有才华的年轻人。得到邀请的杜甫很兴奋，但李白却不以为意。他曾经写过一首《上李邕》的诗，整首诗自负且傲慢无礼，其中"宣父犹能畏后生，丈夫未可轻年少"二句更是满怀激愤和不甘心，大概是对李邕的不待见表示强烈的抗议。李白没有同杜甫一起赴李邕的邀约，而是到紫极宫的道士高天师那里领受道箓，成了真正的道士。

杜甫对李邕很敬重，他谦虚有礼的恭敬态度、下笔如有神的过人才气让李邕大为感叹，两人成了忘年交。

一日，天朗气清，惠风和畅，李邕在历下亭中设宴，参加此次宴会的除了杜甫、李之芳，还有一众济南名士。大明湖上碧波微漾，荷风香气沁人心脾。云从山间涌出，倒映在广阔的湖面。修竹笼翠，亭中清爽宜人，丝竹绕梁，美音不绝于耳。群贤毕至，少长咸集，真是良辰美景赏心乐事。席间，李邕谈起几十年来的诗人，并逐一评价，有褒有贬，他盛赞了杜审言的诗歌，这让杜甫的内心倍感自豪。历下盛会虽不及兰亭集会，却给杜甫无限的感慨，他挥笔写下《陪李北海宴历下亭》，对济南美景与名士极尽赞美，也把宴会将散、欢乐难再的无奈表达出来。

东藩驻皂盖，北渚凌清河。

海右此亭古，济南名士多。

云山已发兴，玉佩仍当歌。

修竹不受暑，交流空涌波。

蕴真惬所欲，落日将如何？

贵贱俱物役，从公难重过！

杜甫在这里与李邕度过了一个愉快的夏天。遍游济南的美景后，杜甫告别李邕，准备去临邑（今德州临邑县）看望弟弟杜颖（时杜颖在临邑任主簿）。临行前天气突变，狂风怒号暴雨如注，当日未能成行。第二日，他便到了临邑。杜甫与弟弟的感情很要好，虽然同父异母，但不妨碍他们之间的亲密关系。现在父亲已经离世，兄弟之间更是互相牵挂。弟弟俸禄不多，还要养活一大家子，杜甫也不便打扰，小住了几日后，准备到山湖亭与李之芳告别。不料李之芳已去往青州，杜甫便写下《暂如临邑，至山昔山湖亭奉怀李员外率尔成兴》，以表思念，盼其早还。

野亭逼湖水，歇马高林间。

鼍吼风奔浪，鱼跳日映山。

暂游阻词伯，却望怀青关。

霭霭生云雾，唯应促驾还。

石门宴别

夏天的燠热渐渐消退，风也凉爽起来。李白早已回到兖州，杜甫也前往兖州与李白重逢。在兖州附近的甑山，虽是秋天，中午的骄阳依旧似火，头戴斗笠的杜甫满脸通红地坐在树下的石头上休憩。一个衣袂飘飘的人拨开拦路的树枝，也来到山顶的古树下。见来人盯着自己，杜甫抬头一看，正是李白。原来李白准备翻过甑山，去拜访好友隐士范十。看到杜甫大汗淋漓的滑稽模样，李白忍不住大笑起来，他立刻口占一绝，作为戏言。

> 饭颗山头逢杜甫，
> 头戴笠子日卓午。
> 借问别来太瘦生，
> 总为从前作诗苦。
>
> ——李白《戏赠杜甫》

这首戏作恰似给杜甫绘了一幅漫画像。李白巧妙地抓住了杜甫"为人性僻耽佳句，语不惊人死不休"的苦吟的特点，把清癯严谨的杜甫刻画得如此生动有趣。杜甫听完也笑了，此诗作得虽通俗了点，倒还挺应景的。只不过脚下的小山叫甑山，李白怎么说是饭颗山呢？看着杜甫一本正经考究到底的样子，李白又大笑起来。

"子美啊，我当然知道这是甑山了，"李白笑着说，"此土丘叫甑山，还不如叫饭颗更恰当些呢。"

杜甫也笑了，说："太白兄，我也有诗给你呢。"说完，吟了一首《赠李白》。

秋来相顾尚飘蓬，未就丹砂愧葛洪。

痛饮狂歌空度日，飞扬跋扈为谁雄。

这首诗虽也是戏谑调侃之语，却隐隐有一丝心酸无奈。两个失意漂泊、身如飘蓬的人，两相顾盼，一起寻仙学道却没有任何成就。痛饮狂歌消磨着每一个日子，飞扬跋扈如此逞雄又是为了谁呢？难怪有人说此诗"是白一生小像。公赠白诗最多，此诗最简，而足以尽之"。

李白听了这首诗，沉吟了片刻，感慨地说："子美真是我的知己啊。"

两人一起坐在古树下，微风把树林深处的凉意缓缓递来。片刻后，李白站起来，邀请杜甫与他一起去拜访范十，杜甫欣然同意了。

范十在城北的一个村庄隐居。李白与杜甫来到这位隐士的茅庐前，立刻就被深深吸引住了。这座简单的农舍古朴大方，门前种满了酸枣树，此时已果实累累。篱笆边开满了各色的菊花，竹棚架上吊着碧绿的寒瓜，俨然世外桃源。柴门虚掩着，一条黄狗摇着尾巴叫了起来。范十呵斥了一声，从屋内走出，一看到李白，大笑着抱住他的手臂说："你是谁啊？搞得这样狼狈。"

李白笑着说："一路的苍耳，粘得我的衣服上到处都是，来找你哪容易啊，你个范野人。"

范十笑得前仰后合，连忙说："那是我的不是了，一路饿了吧，尝点儿野人家的野味吧。"

范十嘱咐家人准备晚饭。李白又将杜甫介绍给了范十。三人一起饮酒，品尝着秋天的蔬菜和水果。食遍山珍海味，也比不上此处山野的滋味。特别是秋后的霜梨，清脆可口别是一番味道，滋润着干涸的心脾。躺在瓜棚下，仰望着隐约的星光，三人谈天说地。尤其是谈及朝廷内外险象环生，皇帝却不闻不问，大家都沉默了，忍不住叹气。小童沏上一壶茶，三人就着晚风慢慢地品。乡野的夜晚，浓浓夜色笼罩着无边的黑暗，旷野和村庄都沉睡在宁谧中。长途跋涉疲惫不堪，李白和杜甫盖着一床被子也睡去了。

这样快乐的经历当然少不了诗歌，李白写下了《寻鲁城北范居士失道落苍耳中见范置酒摘苍耳作》，杜甫也挥笔写了一首《与李十二白同寻范十隐居》。杜甫的这首诗历来被看作两人深厚情谊的真实写照，携手同行、醉眠共被，亲如兄弟。在这里，杜甫也盛赞了李白的诗歌，再也不是简单地一同寻仙问道了。

李侯有佳句，往往似阴铿。

余亦东蒙客，怜君如弟兄。

醉眠秋共被，携手日同行。

更想幽期处，还寻北郭生。

入门高兴发，侍立小童清。

落景闻寒杵，屯云对古城。

向来吟橘颂，谁与讨莼羹？

不愿论簪笏，悠悠沧海情。

——《与李十二白同寻范十隐居》

离开范十家，两人又一起走进东蒙山访问元丹丘。

元丹丘是当时著名的隐士，也是李白一生的好友。三人饮酒作诗、谈玄论道，度过了一段愉快的时光。秋意渐浓，又一年的时光用在了路上。每当想到自己还是一介布衣，前途渺茫，杜甫就沉默起来，他决定到长安寻找政治出路。李白从长安赐金放还已经一年有余了，他试过这条路，却没有走通。他不能阻止杜甫，因为没有人愿意一辈子做个苦吟诗人。两个人一个打算西去长安，一个准备重游江东，离愁别绪的惆怅越来越浓。

在兖州石门，李白为杜甫设宴饯行。所有的离别似乎在秋意浓中染上无尽的哀怨，所有相处的欢乐涌上心头，一杯薄酒又怎能消愁呢？李白举起一杯酒，故作坚强地微笑着说："子美，我有一诗送你。"说完，挥笔写下了《鲁郡东石门送杜二甫》。

醉别复几日，登临遍池台。

何时石门路，重有金樽开。

秋波落泗水，海色明徂徕。

飞蓬各自远，且尽手中杯。

"虽然眼底人千里，且尽生前酒一杯。"从此天各一方，何时才能相见呢？杜甫饮下李白递过来的酒，转身就走在了秋风中。他们相约有缘再会，却再也没有重逢，谁都没想到这竟是最后的诀别。

从那以后，他们各自踏上了坎坷的人生旅途。李白继续着漂泊落魄的生活，豪放的背后是数不尽的愁苦。而杜甫在长安备受冷眼后，体察到人民的疾苦，自己的一生也在颠沛流离中饱尝生活的艰难。很多年后，李白再游齐鲁，记忆像是被唤醒了，与杜甫同行齐鲁的情景在脑中清晰起来。他忍不住写下《沙丘城下寄杜甫》，以寄对好友的思念。

> 我来竟何事，高卧沙丘城。
>
> 城边有古树，日夕连秋声。
>
> 鲁酒不可醉，齐歌空复情。
>
> 思君若汶水，浩荡寄南征。

齐鲁大地上每到一处，熟悉的景色就勾起了李白滔滔不绝的回忆。思念像奔流不息的河水，不停拍打着诗人的心房，以致歌无趣，酒也无味了。而深情的杜甫，无论身处何处，都写下过思念李白的诗歌，《春日忆李白》《冬日有怀李白》《天末怀李白》《梦李白》等。对李白的思念，与李白同游的欢乐一直伴随着他以后的生活。他常常盼望能与李白重逢，饮酒作诗，谈古论今。只是生活的愁苦将他埋在现实的尘埃里，贫穷像山一样压在他身上，所有的快意洒脱都烟消云散了。

第三章　客居长安仕途难

长安，长安

> 长安大道连狭斜，青牛白马七香车。
>
> 玉辇纵横过主第，金鞭络绎向侯家。
>
> 龙衔宝盖承朝日，凤吐流苏带晚霞。
>
> ——卢照邻《长安古意》

　　长安，唐王朝的政治、经济、文化中心，是当时世界上最繁华的大都市。宽敞的道路纵横交错，来自世界各地的商品琳琅满目，到处是熙熙攘攘的人群。豪门望族门前的宝马香车络绎不绝，歌舞升平，一片繁荣富庶的景象。

　　无数的文人墨客来到长安，用他们的笔写下长安雄浑壮丽的气势，统治阶级骄奢淫逸的生活，以及浮华背后的不平和悲凉。杜甫在结束自己"快意八九年"的生活后，也在天宝五载来到了长安。尽管两年前李白从长安赐金放还，回到自由的天地间去了，但杜甫对于家族

"奉儒守官，未坠素业"怀有神圣的使命感，他必须来到天子脚下，期盼实现"致君尧舜上，再使风俗淳"的远大志向。

此时的唐王朝，政治上已显露出日趋腐化的迹象。唐玄宗李隆基在位已经三十多年，开创盛世后，眼看着海内升平，社会富强，便渐渐满足起来。没有了先前励精图治的精神，也不再提倡节俭之风，整日沉溺声色，寻求感官上的享受。随着张九龄等人被罢相，李林甫爬上相位。他是个"口有蜜腹有剑"的阴谋家，表面上待人客气，内心可能要杀人。拜相前，他对周围的官员态度很好，几乎找不到他待人接物的缺点，可是一旦拜相，他对上谄媚，对下却言语傲慢。在今天看来，他是个善于演戏伪装自己的小人，而且人格分裂。李林甫很会揣测李隆基的心意，因此很得皇帝的欢心。在朝廷上，他大权独握、蔽塞言路、排除异己、嫉贤妒能，朝中正直有为之士不是被排挤暗算，就是遭受迫害，整个朝政乌烟瘴气，李隆基却偏听偏信、不闻不问。尤其在册封杨玉环为贵妃后，宫中奢靡之风更盛。杨贵妃喜欢吃荔枝，李隆基下令开辟从岭南到长安的几千里贡道，以便荔枝能及时快捷地运到长安。"长安回望绣成堆，山顶千门次第开。一骑红尘妃子笑，无人知是荔枝来。"

杜牧曾用一首《过华清宫》，把这段统治阶级穷奢极欲、荒淫误国的往事巧妙地揭露出来。不仅如此，李隆基还重用杨贵妃的哥哥杨国忠。在杨国忠的专权下，整个唐王朝开始混乱，国势逐渐衰落。

杜甫像一个大龄北漂青年一样，站在偌大的长安街头，瞬间被滚滚的人流淹没。他已经三十四岁了，这个年纪的杜甫已经成家立业、生儿养女了。家庭的负担和家族的责任都压在他的肩上，他不得不去抓住每一个机会，在现实的洪流中无望地漂流。他常常想起那段自由快乐的日子，想念洒脱豪放、四处漂泊的李白。这些深深的思念里，有着对自由天地的向往，更有对内心的慰藉，毕竟长安的繁荣背后是尔虞我诈、世态炎凉。

"学而优则仕"，在唐代，读书人想要走上仕途，主要通过科举考试、制举考试以及投诗干谒。科举考试，是寒门子弟进身上层阶级的必由之路，每三年一次，尤以进士科为重。早在开元二十三年，杜甫就曾参加进士考试，但以失败告终。制科考试是唐朝宋朝都有的一种特殊的考试制度，其考试时间是不定期的，目的在于选拔各种特殊人才。制科不像寻常的考试，要等皇帝下诏才举行，因此有极强的号召力。通过制举考试意味着通过了天子的挑选，对于考生来说是无上的光荣，且考上后可以直接授予官职。虽然通过制举考试者百里挑一，很难考中，但还是吸引了大批考生应试。《通典》载："开元以后……其应诏而举者，多则二千人，少犹不减千人，所收百才有一。"

杜甫来到长安的第二年，即公元747年，唐玄宗诏天下通一艺者入京师就选。杜甫很珍惜这次机会，几乎把这次考试当作唯一的出路。当然他对自己也是很自信的，在《奉赠韦左丞丈二十二韵》中就曾说自己"读书破万卷，下笔如有神。赋料扬雄敌，诗看子建亲"。然而时势弄人，天真的杜甫完全没想到他全力以赴积极争取的一场考试，不过是一个骗局。

当唐玄宗下诏广求天下贤才的时候，宰相李林甫虽然担心有贤才会直言进谏，向皇帝揭露他的奸恶，但还是依旨办事。不仅如此，还表现出非常积极的姿态，让皇帝很满意。他下令，被推举的大多是乡野之人，担心会用不雅的语言污染皇帝的视听，必须要严加考核，特别出众的人方可进入复试。在删除了大量的人才后，他对留下的人进行多方面考核，最后无一人合格。心满意足的李林甫将这样的结果上报皇帝，并祝贺玄宗皇帝恩泽遍及四海，如今的民间已经没有剩余的贤能了。《新唐书·李林甫列传》："帝诏天下士有一艺者，得诣阙就选。林甫恐士对诏或斥己，即建言，请委尚书省长官试问，使御史臣监总，而无一中程者。林甫因贺上，以为野无留才。"

这场"野无遗贤"的骗局就此了结，给无数寒窗苦读数十载的文人留下内心的伤痛。可以想象，经过了一轮轮的考试，将自己的平生所学凝结笔端，挥洒于纸上的举子们，是多么期待这场考试的结果。然而全部落选，伴随着"野无遗贤，万邦咸宁"的谎言，那些含着泪水转身而去的文人们，心中是敢怒不敢言的悲愤。自古而来，还没有这样荒唐的考试结局，然而皇帝信了。

信心满满的杜甫再一次希望落空了。这一次考试的失败给了他很大的打击，仿佛挨了当头一棒，让他不知所措。奸相当朝，群贤落寞，他只有在诗中来发泄内心的愤懑：

> 破胆遭前政，阴谋独秉钧。
> 微生沾忌刻，万事益酸辛。
> ——《奉赠鲜于京兆二十韵》

"阴谋""忌刻"极尽李林甫奸邪的情状，当然这些都是在李林甫死后，杜甫放胆抒发出来的，可见这场骗局对于杜甫的伤害还在他的心中隐隐作痛。

独耻事干谒

　　希望破灭后，一腔悲愤的杜甫不得不坐下来，思考今后的出路。仕途渺茫，但还要争取，经济困窘却是亟须解决的大事。初到长安还能租住条件稍好的旅舍，现在不得不搬到简陋的小客栈里，即使每日粗茶淡饭，经济上也渐渐捉襟见肘了。

　　无可奈何的杜甫想到"干谒"。"干"是求取，"谒"指拜见、拜谒；"干谒"就是为了某种目的而求见地位高的人。当时社会上干谒成风，讲情分和关系，往来周旋是平常的事。为了功名利禄，到有身份的人那里探探路，祈求对方的关照，适当时候给予拔擢和援引在当时也并不少见。这种目的明确的干谒活动在唐朝已是蔚然成风，特别是科举考试前后尤其频繁。奔前途的读书人在考试前，将自己的诗文作品编辑装饰，送给地位显赫或者有名望的达官贵人、社会名流，求取举荐和赞誉。毕竟考试的时候，一张试卷无法成为考官判断的唯一标准，而声誉和平时的作品则成为取舍的关键。

白居易在参加科举考试前心里也没底，于是拿着自己的诗作拜谒著作佐郎顾况，顾况是当时的大诗人，只是有些傲慢。他看到白居易的名字后，开玩笑地说："长安米贵，居大不易啊。"然后打开诗稿，看到第一首诗《赋得古原草送别》"离离原上草，一岁一枯荣。野火烧不尽，春风吹又生"后，不由得赞叹说："能写出这样的诗句，居住下来应该很容易。"后来，顾况经常向别人谈起白居易的诗才，盛加夸赞，白居易的诗名就传开了。

诗人朱庆馀在科举考试前邂逅了水部郎中、著名诗人张籍，一番交谈后，张籍对朱庆馀的才学很欣赏。朱庆馀将自己的诗作呈给张籍，张籍读后很欣赏，于是极力向旁人称赞他。因为张籍本身有很高的名望，从不轻易褒奖他人，朱庆馀因此声名大噪。科举考试后，朱庆馀心中忐忑不安，左思右想后他决定用一种委婉的办法向张籍打听情况，于是写了一首《闺意献张水部》："洞房昨夜停红烛，待晓堂前拜舅姑。妆罢低声问夫婿，画眉深浅入时无？"这首诗写得实在是高明。他将自己比作新嫁娘，将张籍比作丈夫，考官比作公婆。新嫁娘紧张、羞涩还带着一丝期待的内心一览无余，焦急又谨慎地询问丈夫公婆对自己的看法。张籍看完会心一笑，也回了一首诗："越女新妆出镜心，自知明艳更沉吟。齐纨未足时人贵，一曲菱歌敌万金。"含蓄地告诉朱庆馀，才华横溢自然能金榜题名，果然朱庆馀进士及第了。

无论是白居易还是朱庆馀，都是干谒中的幸运儿。不仅因为他们确实有真才实学，还在于双方彼此欣赏，成就了文学史上的佳话。杜甫就没有那么幸运了。十年的长安生活中，干谒深深刺痛了他敏感的神经。这种耻之却不得不为之的行为，给他带来无尽的屈辱。自尊让他恨不得昂首就走，现实又让他低声下气、四处哀求。

他给那些贵族们写诗，充当他们附庸风雅的生活点缀。因为衣裳破旧，还常常受到府邸家奴们的白眼。他一边陪他们诗酒宴游，一边想方设法写一些歌功颂德的谄媚话，来获取这些贵族们给予的小恩小惠，以解决自己的温饱问题。虽然他也时常得到称赞和褒扬，然而对于他的政治理想却没有一点儿实际的帮助。汝阳王李琎就是他这段时期时常拜谒的一位贵族。

在《饮中八仙歌》中，杜甫用寥寥数笔勾勒出这样一位狂放不羁、嗜酒如命的贵族形象，"汝阳三斗始朝天，道逢曲车口流涎，恨不移封向酒泉"。他也是杜甫诗歌中多次出现的人。汝阳王身份高贵却任性率性，位极人臣却喜欢结识文人，对衣着寒酸、困厄不堪的杜甫也是礼待有加，常常施以援手，这让杜甫心存感激。在《赠特进汝阳王二十韵》中，他极尽阿谀奉承之词对汝阳王大加赞赏。"特进群公表，天人凤德升。霜蹄千里骏，风翮九霄鹏"赞其美德；"学业醇儒富，词华哲匠能。笔飞鸾耸立，章罢凤骞腾"赞其才学；"披雾初欢夕，高秋爽气澄。樽罍临极浦，凫雁宿张灯"写汝阳王对自己的殷勤款待，简直把汝阳王写成神仙似的人物。但备受天子垂爱的汝阳王却对杜甫的政治前途毫无帮助。这样的交情可能仅限于宴席上的杯酒聊怀、片言延誉，在用物质打发了这些贫困的诗人后，谁还会在意他们的内心呢。

纨绔不饿死，儒冠多误身。丈人试静听，贱子请具陈。
甫昔少年日，早充观国宾。读书破万卷，下笔如有神。
赋料扬雄敌，诗看子建亲。李邕求识面，王翰愿卜邻。
自谓颇挺出，立登要路津。致君尧舜上，再使风俗淳。
此意竟萧条，行歌非隐沦。骑驴十三载，旅食京华春。
朝扣富儿门，暮随肥马尘。残杯与冷炙，到处潜悲辛。
主上顷见征，欻然欲求伸。青冥却垂翅，蹭蹬无纵鳞。
甚愧丈人厚，甚知丈人真。每于百僚上，猥颂佳句新。

窃效贡公喜，难甘原宪贫。焉能心快快，只是走踆踆。
今欲东入海，即将西去秦。尚怜终南山，回首清渭滨。
常拟报一饭，况怀辞大臣。白鸥没浩荡，万里谁能驯？

——《奉赠韦左丞丈二十二韵》

　　干谒是对一个理想远大、年过而立却仍无立身之处的有志者的嘲弄。当杜甫一腔悲愤将干谒的屈辱化成辛酸的诗句，呈赠给韦济时，他的内心是复杂的。一方面多年的干谒生活带给他的是"朝扣富儿门，暮随肥马尘。残杯与冷炙，到处潜悲辛"的苦涩和悲愤。另一方面他毫无保留地向韦济倾诉，是希望得到韦济的推荐，毕竟他身居高位，又是长安城中唯一推崇杜甫诗歌的人。

　　韦济年长杜甫二十多岁，杜甫在诗中尊称他为"丈"。韦济出身名门，《旧唐书》载"父子三人，皆为宰相，又四职替代，有史以来，莫与为此"，家族荣耀熠耀万丈。唐玄宗曾亲召新授县令，殿试安民策一道，对者二百人，韦济得第一名，因而擢为礼泉令，可见韦济确实有真才实学。韦济少时即以文辞扬名，加上其父辈与杜甫的祖父杜审言有过交往，韦济对杜甫一直是比较关心的。任河南尹的时候，韦济还到首阳山下拜访杜甫，不料那时杜甫已经到了长安。调回长安后，韦济也在很多场合赞颂杜甫的诗句。杜甫对韦济满怀着感激之心，将"白鸥没浩荡，万里谁能驯""老骥思千里，饥鹰待一呼"的抱负写进诗句，满心期望地将韦济当作识得千里马的伯乐。可是韦济虽然欣赏杜甫的诗歌和才华，也给予了他物质上的帮助，但对杜甫的仕途没有任何实际的帮助。在杜甫一心求仕，渴求实现自己的理想抱负时，韦济却潜心于求仙问道，逢迎皇帝迷信道教、寻求永生的心理，还将方士张果介绍给唐玄宗，满足玄宗对民间仙术的好奇。这样的韦济，对杜甫满脑子的政治经济自然是无法予以理会，即使韦济曾推荐过杜甫，在那样的政治氛围里，也显得无足轻重了。

一首首精心写作投谒出去的诗歌都石沉大海了，一次次的希望碰撞到冰冷的现实化为虚无的泡影。"艰危作远客，干请伤直性"，三十多岁的杜甫在长安的名利场里努力奋争，过着无比艰辛的生活。政治上没有着落，经济上没有保障，闻一多先生说："盖公毕生之困厄，此其开端也。"他的人生目标太高，社会却没有给他施展才华的平台。他的个性是孤傲倔强的，科举考试失败后，他又参加了制举。他明明知道考试的结果，要么是一步登天，要么是一无所有，在风险面前，他宁愿选择面对残酷的现实，只为等待微乎其微的机遇和希望。

三大礼赋

长安落叶纷可扫，九陌北风吹马倒。

杜公四十不成名，袖里空余三赋草。

车声马声喧客枕，三百青铜市楼饮。

杯残炙冷正悲辛，仗内斗鸡催赐锦！

——陆游《题少陵画像》

四十未成名，困守长安的杜甫是怎样的形象呢？陆游在一首《题少陵画像》的诗里作了很好的写照。满腹经纶者壮志难酬，腹内草莽者斗鸡玩乐。陆游从杜甫的经历中想起了自己的悲辛，那些千古留名的有识之士，千百年都心心相通。

在长安度过的每一年光阴，杜甫都心急如焚。日日从简陋的小客舍里醒来，听着窗外的风声雨声叫卖声，虚度着这让人煎熬的光阴。他不知道还要向谁投诗，还要去给哪些庸碌无为之徒歌功颂德，换取一点轻薄的怜悯。他抬头望望天空，一抹流云自由随性地划过蓝色的底幕，风托着鸟的翅膀滑翔在空气中。那时徜徉在吴越的山水和齐赵的风光中，是多么快意自在的生活啊，与现在比起，好像只是一场梦。

正沉浸在过往中，忽听门外有人敲门。杜甫打开门一看，正是客舍的老板，身边还有一位衣着华丽的人。

"先生，这位是驸马爷府上的人，有话跟您说。"说完，老板就退后一步，向那位衣着华丽之人欠了欠身子，"您请。"

那位衣着华丽之人打量了一眼杜甫寒酸破旧的长衫，没有表现出什么鄙夷的神色。杜甫敏感地低下头看了看自己的穿着，在这个只识衣裳不识人的社会，他常常因此受到冷眼和嘲笑。

那人笑着说："先生，我家老爷邀请您去趟驸马府，这里有老爷的亲笔信一封。请您稍作准备，马车就在门外等候。"说完，与客舍老板一起下了楼。

杜甫打开信，正是驸马爷张垍所书，他的脸上慢慢有了笑容。张垍的父亲是文学大家张说，曾做过宰相。出生在这样的家庭，张垍本人也很有才华，当时是替唐玄宗写诏书的人。杜甫曾写过一首《赠翰林张四学士垍》，希望得到张垍的汲引。

翰林逼华盖，鲸力破沧溟。天上张公子，宫中汉客星。
赋诗拾翠殿，佐酒望云亭。紫诰仍兼绾，黄麻似六经。
内分金带赤，恩与荔枝青。无复随高凤，空馀泣聚萤。
此生任春草，垂老独漂萍。倘忆山阳会，悲歌在一听。

这首诗盛赞了张垍的才华和高贵的出身，是一首典型的干谒诗。张垍读了此诗后，很欣赏杜甫的才华，想与杜甫当面一叙。杜甫赶紧收好这封信，换上一身干净的衣裳，随着那人一起上了马车。

这是张垍在宫外的一处房舍，亭阁精巧别致，虽华丽却不庸俗。张垍早已等在府中，见到杜甫到来竟亲自相迎，这让杜甫受宠若惊。杜甫也是名门之后，才华满腹却落魄长安，境况很不如意，张垍对此唏嘘不已。一番交谈后，张垍对杜甫的才学更加钦佩，他肯定地对杜甫说："我会尽我所能，助您一臂之力。"

来到长安这么久了，见惯了虚情假意，闻够了冷嘲热讽，这样肯定地说要帮助自己的人，杜甫还是第一次见到。张垍盛情款待了杜甫后，赠予了他一些生活的费用，杜甫感激不尽。

这一年的冬天，天气非常寒冷。长安的街道上，只有三三两两的行人走过，杜甫窝在清冷的房间里，他还不知道自己正等来一次机遇。

天宝九载，唐玄宗正在华清宫过冬。有个道士前来拜见玄宗，说他见到了太上玄元皇帝老子，而且在一个宝仙洞中发现了《妙宝真符》。此时唐玄宗已年近七十，终日迷恋长生不老之术，对道教非常感兴趣，对道士方士们的骗人把戏完全相信。他派了一个大臣去那个宝仙洞中寻找所谓的《妙宝真符》，竟然真的找到了，这让玄宗很高兴。拍马屁的大臣们纷纷向玄宗表示祝贺，李林甫甚至愿意将自己的住宅捐献出来给那些道士，以便让皇帝长寿。玄宗准备春节后正月八日到十日在长安的南郊举行大型的祭祀活动，以示对此事的重视。这次祭祀活动接连举行了三个盛典：祭祀玄元皇帝、太庙和天地。这一形势下，杜甫挥笔写就了三篇吹捧玄宗祭祀活动的大赋，分别是《朝献太清宫赋》《朝享太庙赋》《有事于南郊赋》，杜甫将三篇礼赋并《进三大礼赋表》投入延恩匦中，就回去等待了。没过多久，忐忑不安的杜甫竟等来了皇帝的圣旨，要他入宫面圣。深受隆恩浩荡的杜甫像被突如其来的巨大喜悦瞬间击中，他高兴地在屋子里团团转，恨不得马上找来几位好友庆祝一番。但面圣要准备什么呢？要怎样说话呢？正在他焦急的时候，张垍亲自来找杜甫了。

此次向皇帝献赋，杜甫的目的是明确的，那就是引起皇帝的重视，谋取一官半职。这三篇礼赋都是歌功颂德的陈词滥调，几年来，杜甫已经写得够多的了。他在内心对于最高统治者沉迷道教是很反感的，但面对现实，他却不得不说些违心话。能够得到皇帝的赏识，当然还多亏了张垍的帮助。张垍的大哥是直接参与这次祭祀大礼的官员，对献赋时机的把握起到了重要作用。而且当时要给延恩匦中投献相关文书的话，还要官员作保，"先责识，乃听投表疏"，张垍自然是为杜甫作保的官员，可能还在玄宗面前大力推荐。以张垍的恩宠，皇帝肯定十分留意，加上杜甫本就文采出众，自然得到赏识。

杜甫对张垍简直是感激涕零了。这样的机遇，好比参加了一场特殊的考试，杜甫完成得如此出色，走上仕途简直是不言而喻的事情。张垍向杜甫表示祝贺，还告诉他皇帝读完了这三篇文章，大为惊叹，认为杜甫是奇人。这样文采飞扬的奇人，一定要招来亲眼见见。张垍还细心地准备了面圣的衣裳，这让杜甫更加感动。

立在宫殿之中，杜甫一阵恍惚。皇宫里金碧辉煌的装饰晃得他睁不开眼，听到皇帝的话语，抬眼望见高高

的龙椅上坐着的皇帝，他才意识到一切都是真的。他自
叙了家族的历史，讲了一些歌颂盛世的话语，玄宗很满
意。命他待制集贤院，让宰相考他文章。

> 忆献三赋蓬莱宫，
> 自怪一日声烜赫。
> 集贤学士如堵墙，
> 观我落笔中书堂。

——《莫相疑行》

　　一日之间，杜甫声名大噪。长安城内到处都流传着
杜甫的故事，称赞他的才华，王公贵族们争着期盼见他
一面。考试的时候，集贤院里的学士们里一层外一层围
成了一堵墙，争相观看杜甫下笔，这样空前的盛况，让
杜甫终生难忘。考试结束后，经过漫长的等待，像今天
许多一夜爆红的明星没有了后续，热度又慢慢减退了。
杜甫只得到一个在政府人事部门备案候选官员的机会，
他不知道是继续等待还是转身离开，像做一场黄粱美
梦，梦醒了，他又回到了从前的生活中。

　　人生充满未知，但所有的未知似乎都可以用努力击
碎，拨开生活的浓雾，见到云中的月光。所以希望是一

种坚不可摧的信仰，只要有希望，哪怕身处泥沼，也能望见月亮。而杜甫，在人生最快意的时刻被突然搁浅，他感到忧郁不解，忍不住再一次去寻找张垍。张垍愁云满脸地告诉他，这次组织考核的是李林甫，他已在皇帝面前回奏等待有合适的官职再安排职位。宰相一手操办，且已禀报皇帝，只能再等等了。实际上，李林甫本人没有什么学识，且最嫉恨文人，在策划了"野无遗贤"的闹剧后，这一次的考试也只是个形式罢了，可怜杜甫一腔热血，却成了李林甫政治野心的牺牲品。年老的玄宗皇帝早已失去了早年的励精图治，整日在杨贵妃粉黛罗绮的温柔乡里沉睡，这件事情也已抛在脑后，再不提起了。

这次的经历对杜甫是有一定打击的，他在《奉留赠集贤院崔于二学士》中就曾发牢骚似的说"儒术诚难起，家声庶已存"，仕途没什么希望，就继承祖父的名声努力作诗吧。不管如何，直面帝王、名满长安都是杜甫此生的荣耀。对于张垍的出谋划策，热心举荐，杜甫更是铭记于心，他写下一首诗，对张垍表示深深的感谢。

吹嘘人所美，腾跃事仍暌。

碧海真难涉，青云不可梯。

顾深惭锻炼，材小辱提携。

槛束哀猿叫，枝惊夜鹊栖。

几时陪羽猎，应指钓璜溪。

——《奉赠太常张卿垍二十韵》

　　人人都羡慕自己能得到张垍的夸赞，只可惜自己才能有限，辜负了提携的美意。整首诗既赞美张垍，又弥漫着自我的无奈和哀伤。也许还要等待，也许还有希冀，最后的倔强和不甘心支撑着杜甫，在长安的落叶和霖雨中，再一次抬起头望向皇宫的方向。

长安的朋友们

一座城市值得留恋与回忆的，莫过于此地有你在意的人。客居长安的日子里，若没有朋友们的相伴相助，杜甫恐怕一刻也待不下去了。

街道上擦肩而过的人群里，突然发现一个熟悉的面孔，接下来是旁若无人的大笑和寒暄，这样的偶遇是多少旅居他乡的人渴盼的呢。长安的街巷那么长，来往的人那么多，旷世的孤独感总会油然而生。尤其是碰壁失意后，有一个互诉衷肠的朋友何其难得。

我们在杜甫的诗中，会读到他为贵族们歌功颂德的诗句，也会看到他对一些籍籍无名者的诉说，而这些诉说里，才是他最真实的长安生活。

天宝十载的秋天，长安下了很多天的雨，许多人家简陋的屋宅都倒塌了。淫雨不绝，秋风萧瑟，杜甫一个人躺在旅舍的榻上，薄薄的被子难耐深秋的寒意。他早就病了，听着雨声敲打着窗棂，风呼啸而过，他想起了半年来经历的大起大落，好像已身在云霄之上，突然被打下凡尘。他叹了口气，已经不惑之年，还有什么是承受不起的呢。

沉重的疟疾折磨着他羸弱的身体，寒热在体内交战，每一次博弈都让他筋疲力尽。托店家买的药喝得差不多了，昨夜雨声渐小，早晨打开窗，迎面是明媚的阳光。房门口、街道上到处是积水，小水洼里还生出了几条小鱼。杜甫慢慢地走出门，走到友人王倚家。王倚见到形容枯槁的杜甫大吃一惊，连忙问寒问暖。得知杜甫整整一秋都被疾病折磨，赶紧让妻子做一顿好饭给杜甫补充营养。王倚家也并不富裕，置办一桌好饭食已是相当破费了。但他仍然尽其所能，赊米沽酒、时蔬鱼肉，精心做了一桌美味的佳肴。经历了无数的苦难，看惯了各种脸色，热情善良的王倚夫妇让杜甫倍感温暖，他挥笔写下《病后遇王倚饮赠歌》，字字句句表达对王倚的感激。这普通的一顿饭，在杜甫的笔下有色有香、美味异常，千百年后，似乎还冒着腾腾的热气，欢声笑语中夹着杜甫感动的泪花。

麟角凤嘴世莫识，煎胶续弦奇自见。

尚看王生抱此怀，在于甫也何由羡。

且遇王生慰畴昔，素知贱子甘贫贱。

酷见冻馁不足耻，多病沈年苦无健。

王生怪我颜色恶，答云伏枕艰难遍。

疟疠三秋孰可忍，寒热百日相交战。

头白眼暗坐有胝，肉黄皮皱命如线。

惟生哀我未平复，为我力致美肴膳。

遣人向市赊香粳，唤妇出房亲自馔。

长安冬菹酸且绿，金城土酥静如练。

兼求富豪且割鲜，密沽斗酒谐终宴。

故人情义晚谁似，令我手脚轻欲漩。

老马为驹信不虚，当时得意况深眷。

但使残年饱吃饭，只愿无事常相见。

——《病后遇王倚饮赠歌》

　　杜甫虽久居长安求官，但他的家还在洛阳。有时他还会回到洛阳的家中，帮助妻子处理一些田地里的事。仕途难进，经济无着落，加上天气异常，田地都渐渐荒芜了。家中一贫如洗，已然家徒四壁。他把生活的困苦艰难写成悲伤的诗歌，而这些悲伤和无奈，只有朋友能懂得。"长安苦寒谁独悲？杜陵野老骨欲折。南山豆苗早荒秽，青门瓜地新冻裂。……饥卧动即向一旬，敝衣何啻联百结。君不见空墙日色晚，此老无声泪垂血。"
(《投简咸华两县诸子》)咸华两县的友人，一定是杜甫
真正的朋友。因为生活的痛苦与悲伤，只有挚友才能感
同身受。

如果说杜甫长安有知音，那一定是高适、岑参和郑
虔。高适与杜甫、李白在梁宋分别后，又浪游数载，天
宝八年及第。天宝十一年，正直的高适不愿意再担任鞭
笞百姓的封丘尉，辞去官职，客游长安。岑参在诗歌上
与高适齐名，天宝八载，充安西四镇节度使高仙芝幕府
掌书记。初次出塞的岑参，满怀报国壮志，渴望在戎马
中开拓前程，但未得意。天宝十载，回长安。郑虔天宝
五载回到长安，天宝九载任广文馆博士。

天宝十一载（752）的秋天，杜甫与高适、岑参相
聚长安，席间巧遇了薛据和储光羲，几位诗人饮酒抒
怀，兴致颇高。这一日秋高气爽，大片的云从天边涌
起，天空澄澈如镜，这样好的天气正适合登高。大家相
约一起到大慈恩寺，同登慈恩寺塔。慈恩寺塔即大雁
塔，是唐高宗李治做太子时为他母亲修建的，六级浮
图，高三百尺，是当时长安城里的标志性建筑，相当于
现在的上海东方明珠塔、广州的小蛮腰。唐代的学子，
考中进士后会到慈恩塔下题名，谓之"雁塔题名"。同

游的诗人们，只有杜甫应试未中，登高远望，山岚起伏，苍穹无边，个中滋味唯有自己能体会了。

这天一同登塔的诗人们各有题咏（只有薛据的诗作今已失传）。高适有《同诸公登慈恩寺塔》，储光羲作《同诸公登慈恩寺塔》，岑参则有《与高适、薛据同登慈恩寺浮图》，杜甫作了《同诸公登慈恩寺塔》。这些诗作，大多描述了慈恩寺塔的宏伟以及在塔上领略的风光，渭水从大地蜿蜒而过，终南山气势恢宏，而古老的长安城万古千秋一派雄浑的气象。

塔势如涌出，孤高耸天宫。

登临出世界，磴道盘虚空。

突兀压神州，峥嵘如鬼工。

四角碍白日，七层摩苍穹。

下窥指高鸟，俯听闻惊风。

连山若波涛，奔凑似朝东。

青槐夹驰道，宫馆何玲珑。

秋色从西来，苍然满关中。

五陵北原上，万古青濛濛。

净理了可悟，胜因夙所宗。

誓将挂冠去，觉道资无穷。

——岑参《与高适、薛据同登慈恩寺浮图》

岑参在《与高适、薛据同登慈恩寺浮图》中，将慈恩寺塔超逸绝伦的气势及塔周围苍茫、清幽的环境描摹出来，全诗烘托出虚空超凡的气氛。而诗的结尾则有顿悟佛理之意，出世的无奈和隐隐的感伤之情溢于诗外。

　　然而杜甫的诗歌全然没有出世虚空之感，在高塔之上，胸中的豪情喷涌而出。以眼前之景，看出时代的危机。山河破碎、清浊不分，所忧心的是朝廷的黑暗和危机四伏。然而玄宗年迈昏聩，亲小人、远贤臣，作者不禁怀念起太宗时期的励精图治和清明的政治。

高标跨苍天，烈风无时休。

自非旷士怀，登兹翻百忧。

方知象教力，足可追冥搜。

仰穿龙蛇窟，始出枝撑幽。

七星在北户，河汉声西流。

羲和鞭白日，少昊行清秋。

秦山忽破碎，泾渭不可求。

俯视但一气，焉能辨皇州。

回首叫虞舜，苍梧云正愁。

惜哉瑶池饮，日晏昆仑丘。

黄鹄去不息，哀鸣何所投。

君看随阳雁，各有稻粱谋。

——《同诸公登慈恩寺塔》

全诗有景有情，寓意深远。与其他诗作比较，"岑、储两作，风秀熨帖，不愧名家；高达夫出之简净，品格亦自清坚。少陵则格法严整，气象峥嵘，音节悲壮，而俯仰高深之景，盱衡今古之识，感慨身世之怀，莫不曲尽篇中，真足压倒群贤，雄视千古矣。三家结语，未免拘束，致鲜后劲。杜于末幅，另开眼界，独辟思议，力量百倍于人"。难怪后人评说这几首诗作，认为此诗乃是压卷之作。"视同时诸作，其气魄力最，自足压倒群贤，雄视千古。"

故旧郑虔

　　杜甫的朋友圈里，既有诸如李白、高适这样的大家，也有朴实无名的普通人，但有一个人绝对是关系最亲近，也是杜甫终身的良师益友。他就是前面提到的郑虔。

　　初次相识的时候，杜甫三十九岁，而郑虔已年近六十。共同的理想抱负，相似的人生经历，是两人结交的基础。郑虔"二十举进士不第"，杜甫亦是两次应试均名落孙山，两人都是终身没有成为"进士"的文豪，在长安的浮华外过着贫穷不得志的生活。也许初见，杜甫只是觉得郑虔是长辈，和生命中所有遇见的人一样，几杯酒、几句客套话就陷入长久的沉默里。在长安四处奔波的愁苦里，能解忧的唯有酒，独酌会使得愁更愁吧。好在郑虔时常邀请杜甫到自己家中，有时就着几碟咸菜，喝喝酒、发发牢骚，有时畅谈深夜，把过去将来都感叹个遍。郑虔与杜甫俨然成了忘年交，两人互赞对方的才华，在长安的世态炎凉里互相取暖。在最困难时交心、最落魄时给予安慰，郑虔无疑是杜甫此生最难以忘怀的人了。

郑虔很有才华，是一位精通经史、天文、地理、博物、兵法、医药近乎百科全书式的一代通儒，杜甫称赞他"荥阳冠众儒""文传天下口"。少年时代的郑虔学习非常刻苦，但家境贫寒，买不起练习书法的纸张。正好他栖身的大慈恩寺里柿叶特别多，僧房里堆了几大间，大概是用来烧灶的。郑虔取来一片柿叶，蘸墨在上面写了几字，虽不如纸张，却也平滑舒展，正可用来练字。于是他每天以叶当纸，练习字画，日复一日，竟将几间房里的柿叶都写光了。功夫不负有心人，郑虔在柿叶之中，书法终于大成，其草书达到了"如疾风送云，收霞推月"的境界。郑虔柿叶当纸的故事与怀素蕉叶当纸的故事何其相似，可能怀素正是受了郑虔的启发呢。

怀素和尚是唐代著名的书法家，史称"草圣"。因为买不起纸张，怀素就找来一块木板和圆盘，涂上白漆书写。但漆板光滑，不易着墨，怀素望着窗外的芭蕉宽大的绿叶，在风中微微摆动，不正可以当纸吗？怀素在寺院附近的一块荒地上，种植了一万多株的芭蕉树。芭蕉长大后，他摘下芭蕉叶，铺在桌上，临帖挥毫。由于没日没夜地练字，老芭蕉叶剥光了，小叶又舍不得摘，怀素干脆带着笔墨站在芭蕉树前，对着鲜叶书写。夏日的骄阳如火一般晒得他汗流浃背，冬天刺骨的北风冻得他皮肤皲裂，但他毫不在意，仍然坚持不懈地练字，终于成了一代书法名家。这些刻苦学习的典故，在今天看来简直有些不可思议，但成功需要源源不断的努力和接近疯狂的痴迷，才能在某一方面取得成就。

学富五车的郑虔受到了宰相苏颋的赏识，荐举当了一个小官。公务之余他便搜集当朝的奇闻逸事，写了八十多卷。读书人没有什么心思，这些书稿就随意地摆在桌子上。不料别有用心之人偷偷阅读了这些书稿后，立即上书告发郑虔"私撰国史"。按照祖制，历代都是宰相监修国史，其他机构和个人无权担当。因此这样的告发，郑虔可吃罪不起，他立刻将辛辛苦苦写好的一大叠书稿全部烧掉了。但是郑虔还是受到了处分，被贬逐出京十余年。直到天宝五载，唐玄宗李隆基爱其才，召还京师，之后就不了了之（想来玄宗皇帝后来的记性肯定不大好，不了了之之事时有发生）。五十多岁的郑虔与一家人挤在长安城南偏僻的小巷里，饱受饥寒之苦。天宝九载（750），郑虔自作山水画一幅，并题诗献上。画作清韵雅致，诗歌韵味无穷，书法很有力道，唐玄宗大加赞赏，御署"郑虔三绝"，意指诗、书、画三样皆称一流，还专门为郑虔设置了一所供官宦子弟读书的"广文馆"，任命他为广文馆博士，传授学问。郑虔从此扬名天下，史称"名士""高士"，时号郑广文。

> 广文到官舍，系马堂阶下。
>
> 醉则骑马归，颇遭官长骂。
>
> 才名四十年，坐客寒无毡。
>
> 赖有苏司业，时时与酒钱。

杜甫的这首《戏简郑广文兼呈苏司业》虽是戏赠诗，却写出了郑虔真实的生活。身为广文馆博士，才名动天下，冬天却穷得连毛毡也没有。好在好友苏源明，当时在国子监任司业，时时给他一些买酒的零用钱。

实际上，广文馆虽是皇帝设立的学校，在当时根本不受重视。《国史补》卷中载，"自天宝五年置广文馆，至今堂宇未起，材木堆积，主者或盗用之"；《新唐书》中又称，"久之，雨坏庑舍，有司不复修完，寓治国子馆，自是遂废"。最高统治者和王公贵族们为了维持骄奢淫逸的生活，将黄金白银花得如流水一般，却任由一所传授知识的学堂倒闭。可想当时的社会风气已坏，乱世的种子已经萌芽。

公元 753 年，即天宝十二载的夏天，长安的雨下了六十多天，田地颗粒无收，加上河水暴涨，淹没了很多地方。无良的奸商哄抬米价，人民缺衣少食，生活困苦不堪。政府从太仓里拨出十万石米减价卖给市民，每人每天可以领米五升。贫病交加的杜甫也天天到太仓领米。每当得一点儿钱，杜甫便买酒找郑虔痛饮。两个失意的人，只能借酒消愁，早已被贫穷失意淹没的豪情又暂时抒发出来。

诸公衮衮登台省，广文先生官独冷。

甲第纷纷厌粱肉，广文先生饭不足。

先生有道出羲皇，先生有才过屈宋。

德尊一代常坎坷，名垂万古知何用！

杜陵野客人更嗤，被褐短窄鬓如丝。

日籴太仓五升米，时赴郑老同襟期。

得钱即相觅，沽酒不复疑。

忘形到尔汝，痛饮真吾师。

清夜沉沉动春酌，灯前细雨檐花落。

但觉高歌有鬼神，焉知饿死填沟壑？

相如逸才亲涤器，子云识字终投阁。

先生早赋归去来，石田茅屋荒苍苔。

儒术于我何有哉，孔丘盗跖俱尘埃。

不须闻此意惨怆，生前相遇且衔杯！

——《醉时歌》

这首《醉时歌》看似满纸荒唐言，却反映了杜甫对现实的清醒认识。纵然才高八斗、品德出众，饥饿与贫困仍像山一样沉重。奉行儒术，守着内心的尺寸，到头来无论是孔子还是盗跖都化为尘埃。既然如此，那就痛快地饮酒吧，最起码能暂时忘记眼前的忧愁。这首诗，是怀才不遇的愤懑心情的外现，是郑虔与杜甫之间肝胆相照的情谊的体现，更是杜甫思想的转变和成熟的标志。

天宝十四年（755）的冬天，一场蓄谋已久的动乱像暴风雪席卷了整个唐王朝，大唐盛世最后的光华在叛军扬起的尘土中黯淡无光。安史之乱，是早已潜伏的隐患，终于在唐王朝日渐衰弱的躯体上爆发。京城失陷、玄宗出逃，每一个消息都让留在长安城的文武百官心惊胆战。随着安禄山成立伪政府，郑虔和其他官员一起被押到东都洛阳，被授以水部郎中的伪职。郑虔辗转难眠，托病不受官职，还"潜以密章达灵武"，表达忠心。

不久，安禄山为其子安庆绪所杀，郑虔趁其内乱，从洛阳逃归长安，途中与杜甫相遇在郑虔的侄子家。故友乱后重逢，欣喜万分，百感交集，杜甫作《郑驸马池台喜遇郑广文同饮》，以"然脐郿坞败，握节汉臣回。白发千茎雪，丹心一寸灰"之句，对郑虔忠贞不渝、保持大节的品质作了高度的评价。然而"白发丹心"的郑虔，虽然像手持汉节的苏武一样回到长安，却并没有受到唐肃宗应有的表彰和宽慰，反而大加指责，严肃查处。郑虔被当作降官，与王维、张通囚于杨国忠旧第宣阳里。由于三人都擅长绘画，宰相崔圆便召他们到自己的私第画了几幅壁画，三人为求得崔圆的解救，便精心构思，用平生所能绘制了一幅极其精美的壁画。崔圆爱惜他们的才华，积极营救，三人才免于一死。郑虔以次三等论罪，被贬为台州司户参军。

经历了这样一场生死风波，郑虔惊魂未定，仓皇离开了长安。时任左拾遗的杜甫没来得及送别老友，想起白发苍苍的老朋友从此远谪他乡，不知再见是何日，他感慨万千，写下《送郑十八虔贬台州司户》。

郑公樗散鬓成丝，酒后常称老画师。

万里伤心严谴日，百年垂死中兴时。

苍惶已就长途往，邂逅无端出饯迟。

便与先生应永诀，九重泉路尽交期。

"黯然销魂者，唯别而已矣"，何况老友年迈多病，
两人可能是生离死别了。在杜甫的眼里，郑虔不过是个
两鬓斑白的老画师，从无非分之想，更无犯罪行为，恪
守本分、兢兢业业，又有多大的罪过被贬到万里之外的
荒凉之地呢。此去应是永诀了，哪怕到了黄泉路上，我
们还要做朋友。这样的真情从肺腑流出，既为朋友鸣不
平，更有离别的伤感，情真意切，使人不忍卒读。难怪
前人评此诗"万转千回，纯是泪点，都无墨痕"，"一片
血泪，更不辨是诗是情"。

当郑虔以老弱之躯，长途跋涉来到台州，见这里地
处荒僻，民众教化未开，认为自己有教化之责。于是
重操旧业办起了官学，"大而冠婚丧祭之礼，少而升降
揖逊之仪，莫不身帅之"，一时郡城"弦诵之声不绝于
耳"，"自此民俗日淳，士风渐进焉"。今天的台州，尊
其为文教始祖，奉为乡贤，可见功莫大焉。公元759
年，郑虔去世，这位命途多舛的老画师客死在他乡。没
过多久，苏源明也饿死在长安。至此，三位最亲密的朋
友，只剩下了杜甫一人。悲痛欲绝的杜甫写下《哭台州

郑司户苏少监》以寄对两位好友的哀思。"故旧谁怜我，平生郑与苏。存亡不重见，丧乱独前途。"从此，生死两茫茫，人生只剩下孤单的旅途。

孟子说："人之相识，贵在相知；人之相知，贵在知心。"每一段感人至深的友情，都是两个孤独的灵魂互相温暖。郑虔以他的坚韧和才华感染了诗圣，用他的平和诙谐安慰了一颗忧郁的心。他们的友谊，在杜甫不朽的诗歌中熠熠闪光，永不会被时光湮灭。

长安十年

　　制举落选，献赋激起的水花又很快平息，失败的痛苦还没有完全将杜甫击垮，三年后，他接连进献了《封西岳赋》，希望能再次引起皇帝的注意。但是他没有得到再承恩泽的际遇，这两篇赋没有任何回音。

　　随着年龄的增长，杜甫的求官之心也愈急切了。在这两篇赋的进表里，他把自己的生活写得凄凄惨惨戚戚，"惟臣衣不盖体，尝寄食于人，奔走不暇，只恐转死沟壑，安敢望仕进乎？伏惟明主哀怜之"，但这样凄凉的话语只涌起了自己内心的辛酸。

　　为了做官，他不加选择地给那些奸臣们投诗干谒。他在三大礼赋中称颂李林甫、陈希烈，李林甫倒台后，他又写诗给鲜于仲通、韦见素，在《封西岳赋》中还曾吹捧杨国忠。李林甫和杨国忠等人都是被历史定义为坏纲乱政、奸邪谄媚的小人，杜甫的歌功颂德，与其说是急功近利的表现，不如说是为了实现人生理想对现实作出的屈服。这样的屈服是杜甫不情愿的，然而朝政把握在小人之手，他不得不低下头，写一些违心的诗歌。当然，从他向干谒对象所投的诗歌，也体现了他在政治上的幼稚不成熟。他在写给鲜于仲通的诗作中，痛斥李林甫；陈希烈不做宰相后，他又在给新宰相的诗中数落前任宰相的不是。作为诗人，杜甫忠于内心的真实，却缺乏基本的政治智慧。

他迫切的干谒和不断地投诗终于有了作用，在长安的第九年，他被任命为河西尉。河西，即现在陕西省合阳县一带。河西尉的主要职能是负责合阳县的司法捕盗、审理案件、判决文书、征收赋税等杂事。做这件事情要时常拜迎长官，有时还要因催租税鞭打百姓，这对于有良心的诗人来说是最难以忍受的。风尘仆仆求仕多年的杜甫觉得心灰意冷，决定辞而不受。之后，他改任右卫率府胄曹参军，这是一个看守兵甲器仗、管理门禁锁钥的官，职位是正八品下。这个官职与他的政治抱负实在相差太远，杜甫有点啼笑皆非，写下一首自我解嘲的诗。

不作河西尉，凄凉为折腰。

老夫怕趋走，率府且逍遥。

耽酒须微禄，狂歌托圣朝。

故山归兴尽，回首向风飙。

——《官定后戏赠》

不愿意当河西尉，是因为不想凄凉地屈身事人。陶渊明就曾说"吾不能为五斗米折腰，拳拳事乡里小儿"，前人如此，杜甫亦当效仿先贤。现任的官职虽小，好歹清闲自在，微薄的俸禄也可以满足饮酒的需要。这首自嘲的诗歌，满纸的无奈、伤心和愤懑，"不平之意，具有言外"。十年困守，换来这样的结果，迫于生计只能勉强接受。当然，这份官职虽然卑微，毕竟留在长安。而只要身在长安，就有接近皇帝表明真心的机会。

接受了这个官职后，杜甫决定到奉先县去探视一次妻子。天宝十载以前，杜甫旅食京华，大多住在客舍之中。由于家在洛阳，他常常往返于两京之间。天宝十三载，他终于在长安城南的杜曲安家。杜陵是杜家祖籍之地，也是杜甫常常流连的地方。在此地，他每每想起先祖的功德与荣耀，就倍感骄傲，也坚定了长安求仕的决心。这一年的春天，曲江的花开得娇俏动人，远处的山林绿意微露，风温和地拂过水面，漾起细小的波纹。杜甫将全家从洛阳迁到杜曲的下杜城，一家人终于在长安团圆。这里是杜氏家族聚居的地方，更是他心灵的故乡，他也开始自称"少陵野老""杜陵野客"或者"杜陵布衣"。但杜甫是不甘心身为一介布衣的，家庭负担的日益加重也迫使他不断寻求进仕之路。他的大儿子宗文已经四五岁了，小儿子宗武不到一岁，嗷嗷待哺的孩童和相濡以沫的老妻都等着他去养活。

为了改善生活、补贴家用，杜甫在屋前的庭院里种上决明子和甘菊两味中药。卖药换钱，对于一个读书人是不体面的事情，但饱受人情冷暖的杜甫，只能选择这种卑微的求生方式来维持生活。桑田竹麻，在杜曲的袅袅炊烟里，杜甫俨然过上了田园生活。

饥饿与贫穷似乎总是如影随形。除了卖药都市，杜甫只能寄食友朋。除了郑虔和几位好友，杜甫有时也会到本族家中去，辛酸和屈辱常常让敏感自尊的神经紧绷。《示从孙济》就是杜甫寄食同宗的从孙杜济时，所遇的尴尬和难堪。杜济后来虽然也做了大官，但家境也并不富裕。"诸孙贫无事，宅舍如荒村。堂前自生竹，堂后自生萱。萱草秋已死，竹枝霜不蕃"，可见其所居住的条件也是很艰苦荒涩的。对于这位突然拜访的长辈，杜济很明显不太欢迎，碍于情面，他还是勉强地招待。"淘米少汲水，汲多井水浑。刈葵莫放手，放手伤葵根。"从淘米打水切菜的细小动作中，杜甫觉察到了杜济心中的不快。他只好尴尬地说："所来为宗族，亦不为盘飧。小人利口实，薄俗难可论。勿受外嫌猜，同姓古所敦。"我只是来看望你们，不是为了来吃饭，不要听小人之言，同族之间还是要和睦相处。这样一首诗歌，生动记录了杜甫贫困潦倒，饱尝人间苦涩的生活状态。他将大唐王朝繁华外表的一侧掀开，露出了金玉其外败絮其中的真实，而这样的真实，是那样的触目惊心。

天宝年间，朝政混乱、奸臣弄权，文臣武将好大喜功，朝廷动辄就发动战争。在缺乏战略考虑的情况下，战争多次失败。仅天宝十载一年，鲜于仲通讨伐南诏，高仙芝击大食，安禄山讨契丹无一不败。《资治通鉴》卷二百一十六载："天宝十载四月，剑南节度使鲜于仲通讨南诏蛮，大败于泸南。时仲通将兵八万，军大败，士卒死者六万人，仲通仅以身免。杨国忠掩其败状，仍叙其战功。制大募两京及河南北兵以击南诏。人闻云南多瘴疠，未战，士卒死者十八九，莫肯应募。杨国忠遣御史分道捕人，连枷送诣军所。于是行者愁怨，父母妻子送之，所在哭声振野。"

在惨败的形势下，杨国忠隐瞒事实，邀功请赏，继续发动战争。为补充兵力，他派御史分道抓人，套上枷锁送到军队中。长安城外的咸阳桥，是通往西域、巴蜀的要道。从咸阳桥上经过，杜甫目睹了一幅幅生离死别、悲痛欲绝的人间惨景。

兵车隆隆，战马嘶鸣，被抓来的百姓换上戎装，在官吏的押送下准备去往前线。这些戍卒的爷娘妻子们乱纷纷地在队伍里寻找呼喊着亲人，扯住他们的衣衫，叮咛呼号，千言万语不知从何说起，无数的哭声震彻云霄。家中的劳动力被突然抓走，留下老弱妇幼，沉重的苛捐杂税多如牛毛，不知从何出。站在路边询问一位征夫，十五岁到北边驻防，四十岁又被派到河西营田。"十五从军征，八十始得归。"还有不计其数的人一去不复返，成了青海头无人收的白骨。这样凄凉绝望的场景和悲伤的话语，让杜甫再也遏制不住心头的悲愤，他写下著名的《兵车行》。这首诗歌是杜甫为人民的呼喊，从此他的视野超越了个人遭际，投射到苦难中挣扎的人民身上。

车辚辚，马萧萧，行人弓箭各在腰。

爷娘妻子走相送，尘埃不见咸阳桥。

牵衣顿足拦道哭，哭声直上干云霄。

道旁过者问行人，行人但云点行频。

或从十五北防河，便至四十西营田。

去时里正与裹头，归来头白还戍边。

边庭流血成海水，武皇开边意未已。

君不闻，汉家山东二百州，千村万落生荆杞。

纵有健妇把锄犁，禾生陇亩无东西。

况复秦兵耐苦战，被驱不异犬与鸡。

长者虽有问，役夫敢申恨？

且如今年冬，未休关西卒。

县官急索租，租税从何出？

信知生男恶，反是生女好。

生女犹得嫁比邻，生男埋没随百草。

君不见青海头，古来白骨无人收。

新鬼烦冤旧鬼哭，天阴雨湿声啾啾！

——《兵车行》

民生凋敝，政治黑暗，统治阶级的荒淫无度却有增无减。玄宗宠爱杨贵妃，杨氏兄妹也一并飞黄腾达。天宝十一载的十月，杨国忠拜右丞相兼文部尚书，势倾朝野。玄宗带着贵妃与杨氏兄妹，寒冷的冬天到华清池避寒，阳春三月曲江修禊游春。《旧唐书·杨贵妃传》载：

"玄宗每年十月，幸华清宫，国忠姊妹五家扈从。每家为一队，着一色衣；五家合队，照映如百花之焕发。而遗钿坠舃，瑟瑟珠翠，璀璨芳馥于路。而国忠私于虢国，而不避雄狐之刺；每入朝，或联镳方驾，不施帷幔。每三朝庆贺，五鼓待漏，靓妆盈巷，蜡炬如昼。"

又是一年的三月三日，修禊游春的佳节如约而至。杨氏姊妹们到曲江出游，旌旗高展、仪仗隆盛，华美的衣裳如一朵朵云彩，豪奴女侍前呼后拥，车马仆从络绎不绝。杜甫想起咸阳桥上撕心裂肺的哭喊，黎民百姓衣衫褴褛、食不果腹，而统治阶级的富豪奢靡、骄奢淫逸却达到令人咋舌的程度，心中感到无比愤懑，挥笔写下《丽人行》。"杨花雪落覆白苹，青鸟飞去衔红巾。炙手可热势绝伦，慎莫近前丞相嗔。"前人评此诗"无一刺讥语，描摹处语语刺讥；无一慨叹声，点逗处声声慨叹"，对杨氏兄妹奢侈淫乱的生活进行了批判，当然也对玄宗宠爱奸臣，追求奢侈享受的生活而给人民造成沉重的负担进行了抨击。

天宝十三载的秋天，一连下了六十多天的雨。天空的阴云笼盖八荒，似乎把所有的水都搬到了长安。农田歉收，物价暴涨，人民的生活更加困苦不堪。玄宗担心秋雨过多会伤了庄稼，杨国忠却找来个别长得好的禾苗向玄宗报告："雨虽多，不害稼也。"玄宗信以为真。杨国忠还阻塞言路，使天下无敢言灾者。

杜甫坐在窗前，看着雨在屋檐前汇成一道水帘，他的眉头紧蹙在一起。院子里的草几乎都在雨水中烂死，只有决明子的绿叶鲜艳欲滴，黄色的小花好像无数的黄金钱。朦胧的雨幕，似乎将世间的烦杂都隔在遥远的尘世外，但心中的愁云又何时散开呢。他提起笔，写了《秋雨叹三首》，给老大无成的自己，给苦难深重的人民，还给穷困潦倒的生活。

阑风长雨秋纷纷，四海八荒同一云。

去马来牛不复辨，浊泾清渭何当分？

禾头生耳黍穗黑，农夫田妇无消息。

城中斗米换衾裯，相许宁论两相值？

——《秋雨叹·其二》

秋雨不绝，杜甫感到一家人无法在长安度过漫长的冬天。他与妻子杨氏商量着，送她与孩子们到奉先县亲戚家寄居。奉先县尉乃是杨氏的堂兄，早就修书要接堂妹一家到奉先。而杜甫的舅父崔十九翁时任白水尉，白水又是奉先的临县。杜甫继续在长安求仕，往来于长安、奉先与白水之间。在《桥陵诗三十韵因呈县内诸官》中，杜甫叙写了当时的情形，杨伦在诗题下注说："天宝十三载，物价暴贵，人多乏食。公因留京久困，不能自存，绝意引去，故先往奉先置家，诗当是其时作。"看来长安米贵，居大不易，确实不是一句玩笑话。此后，杜甫的生活在缺衣少食之外还要颠沛流离。

接受了右卫率府胄曹参军的职位后，他在岁暮到奉先探望妻子。从长安到奉先要过骊山、渡泾渭。风如刀片般割人皮肤，骊山华清宫里的歌舞昼夜不绝，玄宗和杨贵妃通宵达旦纵情欢乐，肆意挥霍着从民间搜刮来的财物。秋雨造成的灾害，黎民百姓们的疾苦都被管弦呕哑之声湮没。一路衰草离披，冷风刺骨，手指冻得都系不上断了的衣带。裹紧身上破旧的棉袄，杜甫在满天风雪中一步一个脚印走到了家门口。

大门虚掩着，从门内传来一片号啕声。杜甫不安地走进屋内，看到妻子抱着最小的儿子坐在床边，眼泪在脸上肆意纵横，原来这个还未满周岁的最小儿子刚刚饿死了。邻居们安慰着杜甫的妻子，都轻声地摇头叹气，几位妇人也陪着杨氏一起落泪。儒家主张："仰足以事父母，俯足以蓄妻子，乐岁终身饱，凶年免于死亡。"（《孟子·梁惠王上》）出身儒学家庭的杜甫常常铭记于心。但身为人父，却连自己的孩子都不能养活，惭愧、痛心一齐涌上心头。自己"生常免租税，名不隶征伐"尚且如此，那天下的穷苦百姓呢，常年戍边，骨肉分离，还要承担繁重的苛捐杂税。忧国忧民、忠于朝廷、个人遭际……所有复杂的情感交织在他的心头，构成了一首沉郁顿挫的鸿篇巨制——《自京赴奉先县咏怀五百字》。

这首诗，是杜甫长安十年的总结。在这里，他感慨统治阶级的荒淫生活都是建立在人民的苦痛之上，"彤庭所分帛，本自寒女出。鞭挞其夫家，聚敛贡城阙"。他表达了"葵藿倾太阳，物性固莫夺"的忠心，更写下了"朱门酒肉臭，路有冻死骨"的千古绝唱。他记叙下幼子饿死的凄惨画面，愧疚的泪水在心里流淌。"老妻寄异县，十口隔风雪。谁能久不顾，庶往共饥渴。入门闻号咷，幼子饥已卒。吾宁舍一哀，里巷亦呜咽。所愧为人父，无食致夭折。"然后他结合自己的生活，推想到广大的人民，从万民的哀乐，推定一国的兴衰。从一路的见闻，他已敏锐地觉察国家的危机迫在眉睫。其实此时，安禄山已在范阳起兵造反，昏庸的皇帝还沉溺在笙歌燕舞中。杜甫无疑已超越了时代。

生常免租税，名不隶征伐。

抚迹犹酸辛，平人固骚屑。

默思失业徒，因念远戍卒。

忧端齐终南，澒洞不可掇。

——《自京赴奉先县咏怀五百字》

　　长安十年，杜甫在失意的苦闷中徘徊不定，政治上的不得志使他有机会接触到最底层的人民。目睹了统治者好大喜功、穷兵黩武给人民带来的灾难，以及奢华背后掩埋的人民的血泪。他的眼光已透过浮华的外表，看到了社会的阴暗。于是他不再拘泥于自身，而是把悲悯的情怀放到了人民身上，一颗赤诚之心从此随着人民一起跳动。

第四章　安史之乱流离苦

安史之乱

天宝十四载（755）的冬天，范阳、平卢、河东三镇节度使安禄山在范阳起事，反叛大唐帝国，图谋天下。"渔阳鼙鼓动地来，惊破霓裳羽衣曲。"昏聩不堪的玄宗皇帝还在华清宫的欢歌曼舞中沉醉，根本不相信他的宠臣安禄山会有反心。直到叛军长驱直入，逼近洛阳，玄宗才慌忙与杨国忠商议应对之策。短短一个月的时间，安禄山的十五万大军一路南下，所遇唐军大多不战而降，所经州县尽皆占领，并"长驱洛河"，没费多大气力就攻占了东都洛阳。第二年的正月，安禄山在洛阳称帝，定国号为"大燕"。

面对来势汹汹的叛军，唐玄宗惊慌失措。由于唐朝的精锐部队大多在边关，无法及时赶回，大将封常清、高仙芝不得不临时招募兵马，阻止安禄山前行。封常清、高仙芝采以守势，坚守潼关不出。不懂兵法的皇帝却听信谗言，在洛阳失守后，以"失律丧师"之罪处斩二人，致使国难当头，朝廷失去两名经验丰富的大将，为后面的祸患埋下伏笔。之后，唐玄宗起用了病废在家的陇右节度使哥舒翰为兵马副元帅，令其率军20万，镇守潼关。哥舒翰进驻潼关后，同样利用潼关地形险要，易守难攻的特点闭关固守。不久，玄宗接到陕郡"兵不满四千，皆羸弱无备"的错误情报，令哥舒翰出兵收复陕洛。哥舒翰认为这是叛军的阴谋，目的是诱其深入，贸然进兵正好中计，宜按兵不动，待时机成熟，再图进攻。但杨国忠认为哥舒翰意在谋己，便在玄宗面前进谗言，哥舒翰固守潼关，会坐失进攻的良机。玄宗也希望通过这场战争的胜利重新鼓舞人心，不顾哥舒翰正确的战略分析，催促哥舒翰出战。哥舒翰知道此战必败，抚膺恸哭，被迫出兵。

唐军被叛军牵着鼻子走进伏击圈，被动挨打却无力还击，致使将近20万的唐军伤亡惨重，逃回潼关的只有8000余人。连哥舒翰自己，也被部将绑赴敌营，不得已投降了安禄山。在这场战争中，唐玄宗错误地估计形势，全然不听有丰富作战经验的将领的忠言，反而听信谗言过早地出关反攻，结果人地两失、损失惨重。

潼关失守，长安完全失去了最后一道屏障，一夜之间仿若岌岌可危的垒石，恐惧的空气弥漫整个长安城。

此时的唐玄宗，已完全顾及不上其他，与杨国忠商议逃亡到蜀地。大军逼近，玄宗皇帝带着宠妃奸相以及皇子、皇孙、公主等，黎明时分悄悄从延秋门出逃。微雨沾湿了人们的衣裳，这些锦衣玉食的豪门贵族们此时如丧家之犬般，个个屏息凝神，惊恐不定。

到马嵬坡的时候，将士们饥饿疲惫，咒骂不绝。陈玄礼认为杨国忠作乱才导致安禄山谋反，与太子李亨等密谋杀死杨国忠。杨国忠被众人杀死后，头被枪挑着竖在驿站门口。杨国忠的妻儿并虢国夫人等全都被杀死。陈玄礼等又请求玄宗杀死杨贵妃，以平息众怒。高力士也劝说玄宗为保军心安定，杀死杨贵妃。玄宗忍痛命令高力士在佛堂缢死杨贵妃。史载玄宗"乃命力士引贵妃于佛堂缢杀之，舆尸寘驿庭，召玄礼等入视之。玄礼等乃免胄释甲，顿首请罪。上慰劳之，令晓谕军士"。可怜一代美人，顷刻间香消玉殒，徒留君王两行清泪，一枕相思。白居易在《长恨歌》中，追忆那段凄凉的生死离别。"翠华摇摇行复止，西出都门百余里。六军不发无奈何，宛转蛾眉马前死。花钿委地无人收，翠翘金雀玉搔头。君王掩面救不得，回看血泪相和流。"红颜易逝，终究成了君王安抚军心的手段，至于长生殿前的山盟海誓，只为后人留下无数感叹罢了。权倾朝野的杨氏家族，在享尽了人间富贵后，终究尝到了血泪的苦涩。这场兵变，被称为"马嵬之变"。

玄宗入蜀后，太子李亨及其子李俶、李俶北上灵武。公元 756 年，太子李亨在灵武自行即位，改元至德，是为唐肃宗，尊李隆基为太上皇。李亨的擅自继位，引发了玄宗的不满。他分封诸皇子分领天下节度使，名义上是抗击叛军，实际上是削弱唐肃宗的权力。此时，永王李璘坐拥富庶的长江流域，镇守荆州，在部将和其儿子的鼓动下，以东巡为由，起兵谋反，但迅速被肃宗击败。在永王李璘事件中，有一个名字格外引人注目，那就是李白。

安史之乱爆发后，李白避居在庐山。与杜甫分别后的十年，他在各地漂泊游荡，在归隐尘世、痛饮狂歌的日子里，出世的思想始终在内心深处挣扎。恰在此时，永王李璘出师东巡，李白应邀入幕。他不成熟的政治思想在此时完全体现出来。无论是李白还是杜甫，在复杂的政治局势面前，都因缺乏审时度势的能力和一定的政治远见，导致他们政治生涯的失败。

李白认为天下乱局已定，此时大唐的情形十分类似于东晋永嘉南渡，正是割据江南的大好时机。因此力劝永王直取会稽，并在永王发动叛乱之后写下著名的《永王东巡歌》。其中"永王正月东出师，天子遥分龙虎旗"，"三川北虏乱如麻，四海南奔似永嘉，但用东山谢安石，为君谈笑净胡沙"，"南风一扫胡尘静，西入长安到日边"等语，自比谢安，怂恿李璘割据称帝。这些诗歌，也成为他有力的罪证。不久，永王败北，李白也因之被系浔阳狱，后被流放夜郎。乾元二年（759），朝廷大赦天下，李白才结束了辗转流离的流放生活，重获自由。顺着长江疾驶而下，望着两岸连绵的青山，他写下著名的《早发白帝城》，表达了内心的喜悦。

长安失陷，叛军占领了大片疆土，大唐王朝危在旦夕。不久，叛军发生内乱，为唐王朝赢得了转机。由于匆忙起事，叛军内部没有形成稳定的领导核心，加上安禄山生性残暴，其子安庆绪与近臣合谋将其杀死后，自立为帝。叛军的内乱，使得唐军有了喘息之机。加上睢阳十月坚守，唐军借回纥军收复了长安，不久又收复了洛阳。

乾元元年（758），史思明杀死安庆绪，叛军再次崛起。史思明接收了安庆绪的部队，兵返范阳，称"大燕皇帝"。上元二年（761）三月，叛军内讧，史思明为其子史朝义所杀，内部离心，屡为唐军所败。宝应二年（763）春天，史朝义的部下大多归降唐朝，走投无路的史朝义在林中自缢而死。至此，历时八年之久的安史之乱终于结束，大唐盛世已成旧梦。

安史之乱虽事发突然，但究其发生的原因，却是积弊成疾。杜甫在《后出塞五首》中，就已暗示了这场兵乱的起因。"古人重守边，今人重高勋。岂知英雄主，出师亘长云。……主将位益崇，气骄凌上都。边人不敢议，议者死路衢。"玄宗的过度开边导致边塞将军邀宠请功，且逐渐拥兵自大，威胁朝廷。安禄山就是曾为玄宗开边拓疆的节度使，拥重兵、蔑朝廷，终致叛乱，将大唐王朝推向深渊。人口锐减、经济凋敝，给唐王朝带来沉重的打击。当然，在战争的铁骑下，最底层的广大人民始终都是最终的受害者。千家衰败，万户萧条，到处是流离失所、饥寒交迫的人民，而死亡往往还会在不经意间来临，把痛苦的滋味加深几分。杜甫在颠沛流离的流亡生活中，亲身经历了安史之乱给人民带来的无边苦痛。他以深刻的思考，丰富的见闻，写下无数史诗般的名篇。以一支巨笔，绘下难能可贵的战争画卷，把最真实、最深入骨髓的东西和盘托出。

流亡

　　杜甫由长安到奉先探望妻儿的时候，安史之乱爆发了。叛军逼近潼关，杜甫被迫携家人到白水县，投奔舅舅崔十九翁。杜甫的舅舅时任白水县尉，战争的风云还未笼罩到那里。崔十九热情好客，当时还有其他一些老人避难于此，他还特意烹饪了美味的雕胡饭给大家。与战争擦肩而过，所有人都在这里暂时安顿，心中稍稍轻松。杜甫写了《白水县崔少府十九翁高斋三十韵》一诗，记录下当时的片段。"白水见舅氏，诸翁乃仙伯。杖藜长松阴，作尉穷谷僻。为我炊雕胡，逍遥展良觌。坐久风颇愁，晚来山更碧。"但在杜甫的眼中，山林里似乎弥漫着兵气，水面上似乎闪烁着刀光剑影，战争仿若近在咫尺。

　　此时，哥舒翰的二十万大军正固守着潼关，击退了叛军的几次进攻。整个唐朝士气大增，好像平叛是指日可待的事情。杜甫也认为"玉觞淡无味，胡羯岂强敌"，对唐王朝表示深深的信任。然而，玄宗无视哥舒翰的正确作战计划，要求二十万大军盲目冒进，终于酿成大祸。二十万大军全部溃败，潼关失守，昏庸的皇帝连夜逃走。那些失陷的地方，很快成为掠夺抢杀的对象，人民纷纷流亡，杜甫也不得不夹杂在难民中向北方逃去。这是一片混乱不堪的场景，人人争先恐后，害怕被叛军捉住。到处都是人声和哭声，站在路旁与父母走散的孩童惊慌失措地四处张望，而那些不见了孩子的父母们则抓狂似的在人群里乱扑。杜甫的家人已经先行离开白水县，避免了逃难中的拥挤和嘈杂。杜甫与表侄（曾祖姑的玄孙）王砅一起，夹在奔涌的人流中缓缓向前。身体赢弱的杜甫渐渐跟不上大家的步伐，陷到一块蓬蒿地里动弹不得。王砅已经骑马走出了十里之外，他回头准备与杜甫说话，却不见杜甫的身影。他赶紧大声呼喊，抓住身边的人不停地询问，好在有人说在蓬蒿地似乎见到过他要寻找之人。王砅立即返回，逆着人群艰难地前行，终于找到了心力交瘁的杜甫。他将杜甫扶上马背，道中不断有人想要劫持马匹，他右手持刀，左手牵着缰绳，保护杜甫脱离了险境。这段恩情，杜甫终生难忘。在《送重表侄王砅评事使南海》中，他回想起当年一起逃亡的情景，若没有王砅的舍身相救，恐怕早就死在逃难的途中。

> 吾客左冯翊，尔家同遁逃。
> 争夺至徒步，块独委蓬蒿。
> 逗留热尔肠，十里却呼号。
> 自下所骑马，右持腰间刀。
> 左牵紫游缰，飞走使我高。
> 苟活到今日，寸心铭佩牢。

——《送重表侄王砅评事使南海》

安禄山已称帝洛阳，中原大地一片沉沦。经历了死里逃生的杜甫与妻子儿女会合，一家人准备前往鄜州。杜甫和妻子杨氏带着简单的行李，牵着孩子们的手，路上一刻不敢停歇。夜深了，找不到投宿的地方，所经之地皆荒凉萧瑟。路边偶然几间茅屋，也不曾有一点人气，空洞的门窗似无神的眼睛，屋顶的荒草在风中轻轻抖动。杜甫一家子带的粮食很快吃完了，孩子们饿得哭泣，夫妻二人不得不逢人就厚颜求食。月亮出来了，白水山苍劲的曲线起伏在朦胧的夜色里。布谷鸟参差的啼鸣在寂寥的夜里回荡，没有逃难的人返回自己的家园了。小女儿饿得哭闹起来，嚷嚷着要吃的，哭声在空旷的原野似乎更加响亮。远去的层林传来野兽低声的吼叫，杜甫赶紧捂住女儿的嘴，怕虎狼听见，女儿哭得更厉害了。儿子稍微懂事些，要在路边采摘苦李充饥，然而也是无济于事。

雷雨天气连绵不断，山路潮湿未干，雷声就从天边翻山越岭而来。到处都泥泞不堪，没有带雨具，一家人身上的衣服都湿透了。孩子们摔得一身泥，杜甫只好把幼小的孩子背着身上，一手牵着大一点的儿子。妻子抱着行李，慢慢跟在后面。几日没有吃饱肚子了，一家人有气无力地走着。低垂的枝丫上缀满了野果子，两个儿子去采摘一些给家人分享，酸涩的味道恰似此时心中的滋味。天阴沉沉的，雨又落下来，杜甫带着家人赶忙跑到低矮的树枝下躲雨。冰冷的雨水顺着叶片滴落在身上，让人不禁打了个寒颤。杜甫和妻子把孩子们护在怀里，任凭雨水顺着他们的额头流下。雨不停地下，孩子们在怀里睡着了，杜甫和妻子在树下的石头上坐了一夜，望着妻子满脸的泪水，杜甫心里委实不是滋味。

走了几日，来到了彭衙的同家洼。已是黄昏时分，村庄的上空飘起一缕淡淡的炊烟。杜甫想起好友孙宰任彭衙县尉，他的家就在同家洼。早在长安之时，杜甫就与孙宰交好，还曾被邀请到此做客。只是岁月如梭，那时没有战争的忧患，一路快马加鞭、纵情驰骋，所见所闻与今日亦迥然不同。杜甫凭着印象敲起一户人家的门，随着一声"谁呀"门缓缓推开。男主人惊讶地望着门口站着的一家人，惊喜地喊了声："哎呀，子美兄。"原来这正是孙宰的住处。

接下来的一幕，是多么亲切有人情味的画面。孙宰一家连忙打开大门，点上蜡烛，将杜甫一家迎进家中。烛火温暖地跳跃着，映照着两家人红红的脸庞。战乱年代，家家户户都闭门谢客，免于遭受灾祸。但善良的孙宰一家全然顾不得这些，患难真情实在难能可贵。见杜甫一家人连日走在雨水中，全身都湿透了，孙宰赶忙吩咐家人烧热水给远行的人洗脚驱寒。杜甫的孩子们在荒野待了许多天，孙宰又剪一些白纸条贴在门外给大家招魂压惊。晚饭也准备好了，孙宰的妻子走出来与杨氏见面，两位知书达理的夫人拉着手，似乎有说不完的话。当听到杜甫一家人这些日的遭遇，孙宰的妻子流下了泪水。温馨的烛火下，丰盛的晚餐已经准备好了，大家热热闹闹地坐在桌前准备吃饭。杜甫的孩子们一进到这户温暖的家庭中，就疲惫地睡着了。想到孩子们很久没有吃饱肚子了，孙宰叫醒他们起来吃了再睡。

晚饭后，孙宰又腾出一间屋子，给杜甫一家人安歇，还表示要与杜甫永远结为兄弟。杜甫夫妇觉得如此打扰别人觉得实在不好意思，毕竟战乱之时如此慷慨大义，落难之际不避而远之，反而殷勤关切，让饥饿、惶遽、困顿至极的杜甫一家倍感温暖。而深明大义的孙宰一定看穿了杜甫的敏感自尊，你我生生世世是兄弟，又何必拘束呢。

这段经历，杜甫在《彭衙行》中用朴实自然的笔调，真切地表达出来。这首诗作于一年后，叛乱仍未平息，人民还在水深火热之中。重经故地，杜甫想起了当年的情景，不知孙宰一家现在的状况，真恨不得长出翅膀，飞到老朋友的面前。全诗直接描写了逃难的颠沛之状，故人的晋接之情，"感恩知己，调古情真，得乎汉魏乐府之神髓，此子美之承继遗产，扬弃糟粕而尽得其精英也"。诗人对这种诗歌的把握已经到了炉火纯青的高度，他继续用质朴的古调，记叙下大唐王朝战乱之际最真实的底层人民生活。

故人有孙宰，高义薄曾云。

延客已曛黑，张灯启重门。

暖汤濯我足，翦纸招我魂。

从此出妻孥，相视涕阑干。

众雏烂熳睡，唤起沾盘飧。

誓将与夫子，永结为弟昆。

遂空所坐堂，安居奉我欢。

谁肯艰难际，豁达露心肝。

别来岁月周，胡羯仍构患。

何当有翅翎，飞去堕尔前。

——《彭衙行》

在同家洼休息了几天后，带着孙宰一家准备的衣食行李，杜甫和家人又继续出发了。一路奔波，经过华原县，终于到达鄜州的羌村，这才安置下来。连日阴雨，洪水淹没了大片的土地。所谓年史不书大水，但杜甫的诗中，却对水灾有着详细的表述。"我经华原来，不复见平陆。北上唯土山，连山走穷谷。火云无时出，飞电常在目。……普天无川梁，欲济愿水缩。因悲中林士，未脱众鱼腹。举头向苍天，安得骑鸿鹄。"这些诗歌补史之阙，确实是诗中之史。

战乱未息、水灾严重，千家萧条万户哭声，一路所见的尽是流离失所、塞困不堪的人民。一想到被天灾人祸折磨着的黎民百姓，杜甫的心中万般感慨。虽自身亦在流离颠沛中，但其拯危扶溺之心与日俱增。这就是诗

圣的伟大，超越了小我和自我的境界，始终关心国家和
人民，一字一句用诗歌把最底层百姓的心声记录下来，
留给历史听。

羁留长安

　　当杜甫在羌村安置好房舍和田地，奔波疲惫的一家人终于停下脚步，打算在这块土地上暂且生活下去。战乱未息，玄宗入蜀，唐王朝在内忧外患中风雨飘摇。乡村越宁静，杜甫的心越不安定，朝廷的前路和希望在何处呢？

　　七月份，太子李亨（肃宗）在灵武即位，打出了平叛靖乱的大旗，给全国臣民的复兴带来了希望。杜甫听到这个消息后，也立刻把希望寄托在李亨身上。他打点行装，再一次告别妻儿，踏上了北上投奔灵武的路。

　　洪水退去，大片的土地覆盖上厚厚的淤泥。烈日如火，炙烤着大水后露出水面的一切物体，发出难闻的气味。杜甫徒步走在路上，一边望着日头，一边用衣袖擦去滚落的汗水，他还全然不知危险的来临。

　　一队胡人的兵马迎面而来，杜甫心里一惊，已避闪不及。领头的一个将领模样的人，骑着高头大马赶到杜甫的面前，上下打量一番后，命手下将杜甫锁上。杜甫大声地呼喊，说他们抓错人了。一个士兵狠狠地推了他一把，杜甫一个趔趄差点摔倒在地上，只好住了口。他望望周围的人，也有像他一样被套上刑具的，都垂头丧气，默不作声。杜甫知道自己被叛军抓住，只能听天由命了。胡人的势力已膨胀到北方许多地方，杜甫担心鄜州的家人，不知道他们是否沦入胡人的控制范围。但他身陷贼军，身不由己，不久被押解到已沦陷的长安。

　　杜甫正等待着自己的最后结局，不想杀人如麻的叛军既没有将他下狱，也没有逼其投降。他虽也是俘虏，但行动自由，可以会客交友。原来叛军见他满头白发，未老先衰，没有官职也没有地位名声，仅将杜甫当作充实长安人口的贱民。当然，杜甫也尽量隐蔽自己，不让叛军注意到他，《新唐书·杜甫传》中赞其"数尝寇乱，挺节无所污"。

　　此时，杜甫又一次端详起这座待了十年的城市。昔日的繁华早已烟消云散。从前豪门贵族的宫殿府邸，焚烧的痕迹似耻辱的伤疤，诉说着曾遭受的蹂躏和伤害。街道上只有烂醉的胡兵和飘零的落叶，紧闭的大门、断裂的墙壁把一抹荒凉无声地涂出来。长安的好友大多四散离去，整个城市空空的，满是巨大的寂寞和孤独。玄宗入蜀仅带贵妃姊妹和奸相大臣，那些被留在长安的王子皇孙大多惨遭杀戮，街道上到处是未干的血迹。

一位少年从路边的荆棘丛中走出，跪在杜甫的面前，哭着乞求卖身为奴。杜甫看他腰间别着玉玦和珊瑚，知道他是出身高贵却被遗留在长安的王孙，为躲避叛军的杀害，已经在荆棘丛中躲了一百多天了。可怜曾住在侯门深院中的千金之躯，身上没有一块完整的皮肤，到处都伤痕累累。杜甫问他的姓名，他不肯说，只是诉说现在活得苦，为了不被胡人抓去，宁愿为人奴仆。诗人不敢与王孙多说话，又同情他的遭遇，只好安慰他长安王气还在，大唐的军队一定会卷土重来。告别了那位可怜的王孙，感慨他们的苦楚和哀伤，杜甫写下《哀王孙》。用纪实的手法，记叙了安史之乱中沦陷的京师中的一幕惨剧，同情中表达了绝境中的希望。

身陷长安，欲行不得，他每时每刻都在思念着家人。听说鄜州已被胡人占领，杜甫心中的思念和担忧愈来愈强烈。八月的月光，将一丝清冷洒向人间。诗人望着月，陷入了沉思。他想妻子一定也站在月光下思念着自己，天真的孩子们却不懂得，父母彼此思念的是困于长安之时，同甘共苦的那段日子。望月良久，雾深露重，妻子乌黑的头发被打湿了，玉一般的手臂也冰凉的。妻子远在千里之外，但对于杜甫却如在眼前。正是夫妻感情深厚，才会彼此心灵感应，永远牵挂着对方。他写下《月夜》，把深切的思念绵延得如此美丽久远。

> 今夜鄜州月，闺中只独看。
> 遥怜小儿女，未解忆长安。
> 香雾云鬟湿，清辉玉臂寒。
> 何时倚虚幌，双照泪痕干。
>
> ——《月夜》

久困长安，他心急如焚，却无计可施。春天又来了，只是眼前乱草丛生，林木荒芜的春日与往昔迥然不同。记忆中长安的春天多美啊，繁花似锦、柳色如新、游人如织，到处是明媚动人的春光。花开在断垣残壁的角落里，越娇艳越让人心酸落泪，鸟清脆的鸣叫触动内心的愁怨。战火连连的春天，好久没有家人的音信，一封家书简直胜过万两黄金。国忧家愁一齐涌上心头，用手搔发，不觉已稀疏短浅，插不上发簪了。所有的心境和愁苦都化作诗歌，他提起笔写下一首千古传诵的名作《春望》，把黍离之悲写在那个忧伤满怀的春天。

国破山河在，城春草木深。

感时花溅泪，恨别鸟惊心。

烽火连三月，家书抵万金。

白头搔更短，浑欲不胜簪。

——《春望》

　　他也常常思念自己的弟弟妹妹。战争频仍，音信不通，不知道他们的安危。思念越深，越觉得时光残忍。他写诗给远在钟离的韦氏妹，也在寄给弟弟的诗中表达深深的担忧。忧思无以排解，他偷偷来到曲江，在今昔对比中唱一曲哀婉的悲歌。曲江的春天，细柳发出嫩芽，水蒲长出新绿，江头的宫殿却大门紧闭，渺无人迹。繁华已成往日旧事，曲江春游的豪门贵族们化为尘土。胡骑满城的黄昏，一抹斜阳照在荒凉的城池。《丽人行》有多繁华，《哀江头》就何等悲惨！国破家亡的深哀巨恸，都在一字一句中蘸着血泪写下。

明眸皓齿今何在？血污游魂归不得。

清渭东流剑阁深，去住彼此无消息。

人生有情泪沾臆，江水江花岂终极！

黄昏胡骑尘满城，欲往城南望城北。

——《哀江头》

至德元年十月，宰相房琯上疏唐肃宗，请求亲自带兵收复两京。唐肃宗很信任他，委以平叛重任，对他抱有很大的希望。但房琯是个喜好空谈不切实际的读书人，"高谈有余而不切事"，自身也不通兵事。他将部队分为三军进攻，中军、北军二十一日在咸阳县陈陶斜遇到叛军。他采用春秋时期车战之法，以牛车两千乘进攻，命马步军护卫。叛军顺着风势，扬尘纵火。结果唐军大败，死伤四万余人。二十三日，南路军再次大败。来自西北十郡（今陕西一带）清白人家的子弟兵，血染战场，景象非常惨烈。杜甫目睹了叛军得胜归来的得意，有感于陈陶之败的惨烈，写下《悲陈陶》。此诗题注："陈涛斜，在咸阳县，一名陈陶泽。至德元年十月，房琯与安守忠战，败绩于此。"

孟冬十郡良家子，血作陈陶泽中水。
野旷天清无战声，四万义军同日死。
群胡归来血洗箭，仍唱胡歌饮都市。
都人回面向北啼，日夜更望官军至。

——《悲陈陶》

官军大败，叛军凯旋，这是包括诗人在内的长安人民最不愿见到的结果。四万义军尸横遍野，"带长剑兮挟秦弓，首身离兮心不惩"，天地间的肃穆庄严似是沉重的哀悼。胡人得意忘形，但沦陷区的百姓并不气馁，还在盼望着官军到来。只要希望还在，就能给人以力量，不是吗？他在另一首《悲青坂》中，更是表现出"天下兴亡，匹夫有责"的责任感，认为反攻需等待时机，大败之余应该坚壁固守、养精蓄锐、待机再举，切不可隔朝再战，仓促冒进。"焉得附书与我军，忍待明年莫仓卒"，只可惜这一建议，无法传递给前线的官军们。

羁留长安之际，杜甫的生活无比艰辛。幸好几位好友接济他，才使得他羁留长安的日子，能稍稍过下去。大云经寺的住持赞公常常留他在寺院中住宿，还供给他衣食。感念赞公的交情，杜甫写下《大云寺赞公房四首》，"……细软青丝履，光明白氎巾。深藏供老宿，取用及吾身。自顾转无趣，交情何尚新……"，赞公留斋赠物，深情厚谊让杜甫感动不已。

在《雨过苏端》中，他也记叙下好友苏端对自己的周济帮助。

鸡鸣风雨交，久旱云亦好。

杖藜入春泥，无食起我早。

诸家忆所历，一饭迹便扫。

苏侯得数过，欢喜每倾倒。

也复可怜人，呼儿具梨枣。

浊醪必在眼，尽醉攄怀抱。

红稠屋角花，碧委墙隅草。

亲宾纵谈谑，喧闹畏衰老。

况蒙霈泽垂，粮粒或自保。

妻孥隔军垒，拨弃不拟道。

　　生活困窘，杜甫对别人的一饭之恩总是感怀很深。苏君置酒具果，尽情款待，让杜甫感受到了乱世飘零中的温暖。"一饭扫迹，世情类然，苏独数过倾倒，意良厚矣。又且呼儿具果，延宾取醉，非食而弗爱敬者比。"

　　作为安史之乱的亲身体验者，杜甫用诗歌记录下历史事件，也写下了自己的真实感触。写作者的伟大，在于他善用文字书写时代。杜甫就是如此。他的诗歌似历史，又不同于史书的刻板。它来自亲身的感受，思想的深处，带着作者的丰富的情感和心的温度。

只身逃离

自夏到秋，自秋到冬，转眼又是一年暮春。身陷贼军已经大半年了，日日夜夜，杜甫都在忧郁与愁苦中度过。因为官职卑微，并没有引起叛军的注意，这不得不说是杜甫的幸运。而像王维这样在当时颇有诗名，且官职很高的人，被叛军授以伪职，终不免获罪下狱。

三月，雨水不绝，长安城笼罩在一片氤氲的水气中。"位卑未敢忘忧国"，杜甫虽困居长安，仍密切地关注着长安以外的战况。他认为边兵都被调东征，城内空虚，此时若胡人来犯，便可趁机攻入芦子关。"边兵尽东征，城内空荆杞。思明割怀卫，秀岩西未已。回略大荒来，崤函盖虚尔。延州秦北户，关防犹可倚。焉得一万人，疾驱塞芦子？"（《塞芦子》）他为百里之外的芦子关警惕着，焦急地希望朝廷能关注到这里。其筹边策略颇有见地，而忧国之心可见一斑。

"一饭未尝忘君"（苏轼评价杜甫语），羁留长安之时，杜甫唯一的念想与寄托便是凤翔行宫中的唐肃宗。不知道怎样的勇气和决心，衰老瘦弱的杜甫竟然下定决心，只身一人逃离沦陷的长安城。

这一定是一次谋划良久的逃离行动，充满忠君爱国的情怀，还不乏智慧谋略。四月雨止，杜甫像往常一样去往大云经寺。没有人在意一个早生华发、身体衰弱的男子到寺院中去，就像杜甫本就不张扬、不显摆的低调个性。他在大云经寺小住几日，吃斋念佛，似与尘世隔绝。私下里，与赞公秘密商议，何时从何地逃出，最不会引起叛军耳目的注意。

黄昏，斜阳在寺院里落下轻飘飘的影子，风拂过静寂无声的大地，一切都告诉杜甫，这是一个一如往常的日子。杜甫慢慢地走出大云经寺，在城西的金光门前停了下来。这座昔日繁华热闹的城门在暮色中静静矗立，城郭外是死寂的荒野，黄昏之时更是鲜有人迹，连仅有的几个看门的守军都不见踪影。杜甫知道，他们照例聚在某个角落饮酒赌钱去了。城门虚掩着，仅容一人通过，可能是某个守军溜了出去，暂时忘记了关门。杜甫走出金光门，立刻跑进路边隐蔽的草木深处，抬头观望城门口，依旧如方才那样，守军们醉酒喧哗的声音透过城墙隐隐入耳。他在草丛中佝偻着腰前进，全然不顾荆棘划破了身上的皮肤。也不知过了多久，再回头看，金光门已朦胧在遥远的夜色中。

凤翔在长安的西边，他一路向着落日的方向，艰难地在山林崎岖的小路上独行。当时，有一股叛军正与唐军对峙，他必须穿过两军对峙的前线，因为这是一条必经之路。那几日，他感到全身的血液都凝固了般。走在山林无人的小道上，叛军的旗子在不远处飘来荡去，他屏气凝神，每走一步似乎都在与死神博弈。他在重重的山林里不知道走了多久，不敢有一丝一毫的怠慢。终于有一天，山林浓密的树木渐渐开阔，太白山雄伟的山峰被夕阳的余晖镀上了一层金色。他知道自己已渐渐脱离危险，离凤翔不远了。

这段长安突围的艰辛经历，历史典籍中并无多少笔墨记载，但我们仍能在《自京窜至凤翔喜达行在所》一诗中，捕捉到一些细节，体会彼时的心境。

其一

西忆岐阳信，无人遂却回。

眼穿当落日，心死著寒灰。

雾树行相引，连山望忽开。

所亲惊老瘦，辛苦贼中来。

其二

愁思胡笳夕，凄凉汉苑春。

生还今日事，间道暂时人。

司隶章初睹，南阳气已新。

喜心翻倒极，呜咽泪沾巾。

其三

死去凭谁报？归来始自怜！

犹瞻太白雪，喜遇武功天。

影静千官里，心苏七校前。

今朝汉社稷，新数中兴年。

这三首诗是杜甫抵达凤翔行宫后回忆自己历险突围的经过而作。标题里的"喜达"二字是长安突围后的心情，能成功逃离叛军的势力范围，不得不说是莫大的幸运，因此杜甫喜极而泣，任由泪水打湿衣袖。但细读诗句，字里行间充满了悲壮、沉重和心酸。千辛万苦，生死悬于俄顷，今日活着回来，昨天还随时有做鬼的可能。连故旧亲朋们一见面，除了感慨杜甫能逃离虎穴，就是惊讶于他的老瘦不堪。从沦陷的长安逃出来，一路历经不计其数的磨难，能有个什么好形象呢，连面见天子都是一副寒碜的样子。

杜甫在另一首《述怀》诗中，记叙下自己抵达凤翔朝见天子时的情景。

> 麻鞋见天子，衣袖露两肘。
>
> 朝廷愍生还，亲故伤老丑。

杜甫脚上穿着麻鞋，衣袖残破，两个胳膊肘都露在外面，完全是逃奔途中的狼狈形象。可能麻鞋上还沾着斑斑点点的泥渍，衣衫上处处留有荆棘的划痕，苍白的头发蓬乱不堪，尘土满面一脸沧桑。如此不加修饰地面圣，反映了非常时期朝仪的草率和不拘，但也表现出杜甫的迫切心情和对君王的一片赤诚。能历经艰难冒死追随朝廷，朝廷上上下下都悯其遭遇、幸其生还。肃宗也为他的忠君爱国所感动，听取了杜甫在沦陷的长安的见闻后，更是大有感触，表示要尽快收复长安的决心。

筋疲力尽的杜甫，历经千难万险，从敌营死里逃生。从前的种种奔窜惊危之状，每每回想起来仍然胆战心惊，然而此时许多希望和理想又从心里复苏了。

左拾遗

至德二载五月十六日，肃宗命中书侍郎张镐传诏，任杜甫为左拾遗。唐制有左右拾遗各二人，虽只是一个从八品的官职，但相当重要。左拾遗的职务是供奉皇帝，向皇帝提出不同的意见，同时还有举荐贤良的作用。能常在皇帝左右，肩负着议政重任，对于仕途蹭蹬、穷困潦倒而"好议天下大事"的杜甫而言，无疑是十分理想的职位。它给了四十五岁的诗人一个上升的平台，也使其"致君尧舜"之志有了实现的可能。因此杜甫深感君主的厚恩，不禁涕泪交零。

仕途顺利，生活暂时有了着落，在安顿好自己后，杜甫又开始思念起妻子儿女。从长安逃离后，他直接西去凤翔，这是他先国后家的自觉。感念圣主的恩厚，杜甫不忍提出回家探亲告假之事，只能默默地在心里着急。杜甫是个家庭观念很重的人，夫妻感情也很深。自从去年潼关被攻破，他便与妻子失去了联系，寄出去的书信全都石沉大海，家书未曾收到一封。战乱年代，没有消息，人们心中会仍存一丝希望和侥幸，毕竟周围所听到的噩耗总是多于平安的消息。夜深人静之时，杜甫辗转反侧，一边安慰自己，一边胡思乱想。白天又听到传言，叛军在三川一带烧杀抢掠，已到了鸡犬不留的地步。杜甫感到心惊肉跳，辗转难眠，日夜牵挂的妻儿家人很可能已经遭受罹难。那间破漏的小茅屋，也许再无人倚在窗前望眼欲穿了，想到这里，两行清泪爬上诗人瘦削的脸庞。深夜寒月的清辉透过窗子，诗人只能把满腹的愁苦赋予笔端。

自寄一封书，今已十月后。

反畏消息来，寸心亦何有？

汉运初中兴，生平老耽酒。

沉思欢会处，恐作穷独叟。

——《述怀》

十个月没有家中的消息，杜甫反而害怕消息来。长期未得家书，可能家人已经不在人世，他宁愿一直活在假设和仅有的一丝安慰里，害怕突如其至的消息证实了自己的猜想。杜甫甚至想到，等到战争结束，国家中兴，庆祝胜利的宴会上，自己只是孑然一身的老人，孤独和无尽的思念将伴随着余生了。这首有声有泪，至真至情的诗歌，大有"近乡情更怯，不敢问来人"之意，他把一个人离乱中的心态刻画得细致真实，读来令人垂泪。

所幸的是，没过多久杜甫就收到了家中的书信，告诉他家人皆平安无事，这让杜甫倍感安慰。这时的杜甫，得到了皇帝的认可被授以理想的官职，家人也有了消息，生活和心理上都安定下来，他终于可以全心全意地投身于实现自己的政治理想中了。

左拾遗作为谏官，虽官职不高，但可以直接参与朝政。在政治清明的时代，皇帝很重视谏官的意见。太宗时期，魏征就因为直言敢谏留名凌烟阁，而太宗的虚怀纳谏也成就了一段君臣佳话。但战乱年代，皇帝并不需要真正的谏臣，所谓左拾遗不过是身边的点缀。但在杜甫的眼中，在其位谋其政，作为谏官就应该多提合理的建议，履行职责，不负皇恩。

然而没过不久，杜甫就被卷入到一场政治事件中。这件事不仅让他差点丢了性命，也直接影响到他以后的人生。

时任宰相房琯此时正处在风口浪尖，他和唐肃宗的矛盾正在一点点地爆发。尤其是贺兰进明、崔园等人在唐肃宗面前煽风点火，更加速了房琯的倒台。

房琯自命不凡，自高自傲，他的失势或许早已注定。房琯是玄宗身边的人，肃宗对他是又爱又恨。安史之乱席卷整个大唐王朝，面对战火纷飞，房琯向玄宗提出让各个皇子分权的建议。当年还是皇太子的李亨当然不愿意自己的权力被其他皇子分享，太宗似乎也还在犹豫不决。在这样的危急时刻，李亨决定先斩后奏，匆忙在灵武登基，成为唐肃宗。李亨打败了李璘等其他皇子的叛变，大权在握，局势暂时稳定了下来。虽然玄宗很不愿意，但是事已至此，玄宗也只能把传国玉玺交给肃宗，而担当护送传国玉玺的人就是房琯。虽然肃宗对当年房琯提出的分权很有芥蒂，但是房琯毕竟给自己送来了玉玺，也算是有功之臣。肃宗登基不久，地位还不稳定，当然不能得罪老臣，于是就让房琯做了宰相。得到重用的房琯主动要求平定叛乱，想要收复两京。那时肃宗身边已经没有良将可用，看到房琯这么积极，只好点头同意。谁知道，房琯空有一腔热血，对战事不清楚，对战术不熟练，导致损兵折将。当时，房琯向肃宗献出一计，征用两千头壮牛，驾着战车，在牛尾处悬挂鞭炮，炮响牛奔，以火牛阵击溃叛军。怎奈两军开战后，眼看牛车奔向叛军时，叛军一阵擂鼓呐喊，牛群畏惧，反而掉头回奔。唐军一时猝不及防，死伤过半，大败而退。肃宗虽然脸色难看，但是为了大局和争取玄宗旧部的人心，并没有治罪房琯。

肃宗虽然想要把房琯当作一个拉拢人心的棋子，但是房琯却不是一个省油的灯。几次战役大败之后，不反省自身，反而以护送玉玺为功而沾沾自喜。工作上敷衍了事，为人又清高自傲，看不起贺兰进明、崔园等人。当时北海太守贺兰进明从河南赴灵武，被任命为南海太守。唐肃宗授予他正职大夫，房琯却让他代理御史大夫。面见唐肃宗的时候，贺兰进明趁机进言道："西晋任用王衍为宰相，崇尚浮华，以致中原沦丧。陛下中兴社稷，应任用贤才。房琯生性虚浮，好说大话，不是宰相之才。而且房琯在成都辅佐太上皇时，让诸王掌兵权，居重藩，却把陛下安置在边鄙之地，这是对陛下的不忠。他还安排自己的党羽，掌握军队，这哪里是肯为陛下尽忠呢？"贺兰进明说的义正词严，有理有据，唐肃宗从此开始讨厌房琯。如果说贺兰进明只是一个巴掌，那么崔园就是另一个击打房琯的巴掌。

公元 757 年（至德二载），宰相崔圆到扶风拜见唐肃宗。房琯看不起崔园，认为打仗的时候他不知道躲到哪里去了，局势稍微稳定了，现在才来朝见，房琯认为唐肃宗肯定不会原谅他，对他爱理不理。不料，崔圆贿赂了权宦李辅国。李辅国的一番花言巧语，不仅让唐肃宗对崔圆的不满烟消云散，还让他深受唐肃宗器重。崔圆因此与房琯结怨。贺兰进明和崔园都是肃宗当太子时候的人，相对于房琯而言，他们的话肃宗自然更加相信。如果说贺兰进明和崔园等人的进谗只是外因，房琯本人的不思进取则是他最后获罪的内在原因。在国家危难之际，房琯经常称病，不肯上朝，与刘秩、李揖、何忌等人谈论佛道虚无之事，肃宗对此很是反感。

房琯的门客董庭兰仗着弹得一手好琴，深得房琯宠爱，他人要见房琯，还得靠他引荐。有了这么好的桥梁机会，董庭兰伺机收受贿赂，被人举报后，更引得舆论纷纷。这些因素加在一起，唐肃宗老账新账一起算，治罪了房琯。这里要提一下，董庭兰就是董大。房琯被贬后，董庭兰也离开了长安。这一年冬天，董庭兰在睢阳与高适短暂相聚，离别之时，高适写下了一首著名的诗歌《别董大》，"千里黄云白日曛，北风吹雁雪纷纷。莫愁前路无知己，天下谁人不识君？"，悲壮之景却毫无伤怀之意，字里行间流露出来的是信心和希望。

虽然张镐替房琯辩解，但是，内外之因、舆论谣言，加上唐肃宗心里本来就不舒服，根本就无济于事。五月份，房琯获罪，被贬为太子少师，唐肃宗任命谏议大夫张镐为宰相。失去相位的房琯人生开始走向下坡路，公元758年（乾元元年）六月，唐肃宗历数房琯罪责，将他贬为邠州刺史。房琯也不加辩解，收拾一下行李就直接去了邠州。在邠州任上，房琯还真是做了不少事情。颁布法令，晓谕州县，又整治馆舍，让僚吏恢复办公。看到房琯在邠州把吏治做得有声有色，唐肃宗觉得这是一次给唐玄宗旧臣树立榜样的机会。第二年六月，肃宗褒奖房琯，拜他为太子宾客。随后，他又做过礼部尚书，晋州刺史，汉州刺史。房琯重新回到政治的中心，但是他的生活作风还是没有多大的改变，尤其是在汉州刺史任上，他重金聘娶汉州司马李锐的甥女卢氏，将她嫁给自己失明的儿子房乘，在当时的舆论界引起了轩然大波。后来在赴京任刑部尚书的路上，房琯不幸病逝于阆州，被追赠太尉。

房琯的一生从奉送玉玺给唐肃宗开始，就发生了转折。如今仅仅只是一两个人的谗言、一个门客的不检点，就让唐肃宗罢免了房琯的宰相职位，显然是说不通的。其实，房琯仅仅只是一个中间人，夹在玄宗和肃宗之间，夹在新主与旧主之间。肃宗急功近利地想要收复失地，需要房琯这样的老臣，所以也就任由他放手地干，但是房琯在战事上失败了。在皇权斗争中，肃宗已经意识到房琯不可能为己所用，罢官也就是理所当然之事。

正当唐肃宗准备收拾房琯，重新安排自己的一帮人在朝廷里为他所用的时候，半路却杀出了一个左拾遗杜甫。《新书》上说杜甫"与房琯为布衣之交"，这本身就是一种不含有任何政治功利性的交往。一方面，作为文人，杜甫难免书生意气，缺少政治思维和智慧。他赞赏敢于冒死进谏，折断朝堂上门槛的西汉名臣朱云，在儒家"杀身成仁"的精神支撑下，"明知不可为而为之"，是他作为知识分子的直率和天真。另一方面，作为左拾遗，他觉得应该提出自己的意见，不能因为这样一点小事而让前朝大臣获罪，因此他尽自己的职责为房琯辩解。但是，杜甫始终是文人气大于官场气。冯至在《杜甫传》写道："杜甫只看到房琯少年时享有盛名，晚年成为'醇儒'，每每谈到国家的灾难，就义形于色，而没有看到房琯不切实际的工作态度，同时又觉得那些攻击房琯的人行径更为卑污，于是他就执行拾遗的职权，不顾生死，上疏援救房琯。"杜甫激烈的措辞和不达目的不罢休的态度，让肃宗大怒。于是，肃宗诏三司推问，要治杜甫的罪。宰相张镐积极营救，认为杜甫只是在履行一个左拾遗的职责，治他的罪会阻塞言路。肃宗想了想，觉得目的已经达成，为了避免再次引起朝野震动，也就不再追究杜甫之罪。六月一日，杜甫被无罪释放。

杜甫拜谢肃宗的不杀之恩，赶紧写了一篇《奉谢口敕放三司推问状》向肃宗忏悔。在这篇谢罪文章中杜甫写道："窃见房琯，以宰相子，少自树立，晚为醇儒，有大臣体。时论许琯，必位至公辅，康济元元。陛下果委以枢密，众望甚允。观琯之深念主忧，义形于色，况画一保泰，其素所蓄积者已。"杜甫解释了他和房琯的"布衣之交"，他之所以这么做，完全是为了唐肃宗着想，并且他和房琯都有着为国为主的忠心。但仔细阅读杜甫的文字，就会发现表面上他是在请罪，实际上还是一把硬骨头，讽刺肃宗罢免房琯。杜甫身上文人骨气的秉性和身在官场不得不低头的无奈在此表现得淋漓尽致。

这次的房琯事件，给杜甫的心理造成了很大的影响，他深深体会到朝堂为官的不易，体会到伴君如伴虎的如履薄冰。而肃宗心里俨然将杜甫当作房琯一党，心中不喜。即便如此，杜甫仍旧把中兴的希望寄托在肃宗的身上，勤勤恳恳地做着自己左拾遗的工作。

在这里，不得不提到营救杜甫的时任宰相张镐。张镐幼年就有大志，涉猎经史子集，对于王霸大略都有自己的看法。青年时候，便辞别父母，去游学京师。张镐生性豁达浩方，喜爱饮酒，尝尝喜欢在聚会上大谈自己对时政的看法，也经常写一些策论，可是得不到人们的赏识。张镐后来走入官场，一种说法是杨国忠推荐。《旧唐书》说："天宝末，杨国忠以声明自高，搜天下奇杰。闻镐名，召见荐之，自褐衣拜左拾遗。"而另一种说法是颜真卿在担任平原太守任上举荐了张镐，在《颜真卿墓志》里记载："在平原，尝荐安陵处士张镐有公辅之量，数年间镐位列鼎司，论者称之。"无论是谁举荐了张镐，唐朝政坛上多了一位非凡的宰相。奇怪的是，张镐的官场生涯可谓是一波三折。他初涉官场就出任左拾遗，和杜甫一样，是个从八品的小官。但三年后，便骤升至中书侍郎同中书门下平章事，行使的也就是宰相的职能。从公元757年担任宰相到764年九月在江南西道观察使的任上病逝，短短几年中，他又曾几度遭受到贬谪。这样起起落落的人生中，他却和三个诗人有着千丝万缕的联系，这三个诗人就是王昌龄、李白和杜甫。

杜甫曾在《洗兵马》中盛赞张镐："张公一生江海客，身长九尺须眉苍。征起适值风云会，扶颠始知筹策良。"公元757年，安史之乱的硝烟弥漫大唐王朝，睢阳张巡告急，当时的河南节度使张镐传檄闾丘晓引兵出救，闾丘晓畏敌不进，导致睢阳被安禄山属下将领尹子琦攻陷。张镐怒而杖杀闾丘晓。当张镐对闾丘晓行刑时，闾丘晓求饶说自己家里还有父老，希望得到宽恕。张镐大声质问："那王昌龄的双亲谁来赡养？"《唐才子传》载，王昌龄"以刀火之际归乡里，为刺史闾丘晓所忌而杀"。也就是说，在战火中颠沛流离的老诗人王昌龄，是因为被刺史闾丘晓嫉妒而杀害的。张镐斩杀了闾丘晓，间接地给王昌龄报了仇。尤其是那一句"王昌龄之亲欲与谁养乎？"更体现出张镐的古道热肠和嫉恶如仇的性格。

　　第二个就是诗人李白。李白曾和杜甫诗酒唱和，有过短暂的共同游历。和杜甫分开后，李白追随永王李璘。下笔万言的李白政治眼光却不怎么高，朝廷派淮南节度使高适前来平叛，永王李璘根本不是对手，被高适打得落花流水。李白下错了赌注，自己也成了阶下囚，被流放到夜郎。面对前来平叛的高适，李白感到无比的窘迫和尴尬。当年，李白、杜甫和高适三人同游梁宋，携美姬，登歌台，酣酒高歌，情如金兰，如今兵戎相见，往事不堪回首。李白见高适没有主动提出放了自己，他也就不好意思去求人家。这个时候，他想起了张镐。可是此时的张镐已经被肃宗罢了相位，授荆州大都督府长史。虽然张镐向肃宗陈情，但是和房琯一样，被肃宗当作玄宗的遗臣而遭疏远，他的话已经没有多大的分量。虽然没有办法解救李白，但是张镐还是尽其所能地帮助他，使他在流放的路上免受痛苦。张镐派人给李白送去书信和绫罗衣衫，在信中表达了自己的无奈。此时的李白也意识到自己已经被命运左右，恐怕是没有人能够解救自己，面对张镐的好意，李白还特意写诗答谢。两年后，天下大赦，李白才得以重获自由。

最后一个就是诗人杜甫。杜甫和张镐一样，都做过左拾遗。但是张镐最后位居宰相之位，杜甫却因为上疏救房琯而获罪。当时肃宗让三司会审，主审官就是发明"颜体"的大书法家颜真卿。颜真卿任刑部尚书兼御史大夫，大理寺卿又是颜真卿的门生，所以对于杜甫案件的定夺完全在颜真卿的手里。颜真卿知道肃宗的意思，自己也不能徇私枉法，忤逆肃宗的命令。杜甫眼见在劫难逃，这时，宰相张镐游走在颜真卿和肃宗之间，晓之以理动之以情，最终说服了二人，杜甫才无性命之忧。

张镐保住了这位后来的"诗圣"，保住了中国诗歌史上的"诗史"。

虽然无罪释放，仍旧做他的左拾遗，但房琯事件成了杜甫一生中过不去的坎。莫名其妙成了皇权斗争中的牺牲品，也让他渐渐看清了官场的真面目。本来应该行使讽谏职责的左拾遗像霜打的茄子，整日闷闷不乐。但战火中的国家生灵涂炭、满目疮痍，国家急需贤能之人，因此举荐贤能的职责他始终没有放弃。六月二日，杜甫与同僚联名写了《为遗补荐岑参状》，推荐从酒泉来到凤翔的岑参。

杜甫的认死理，文人倔强让肃宗很不舒服，这一年的八月，肃宗让他回去探亲。这次的探亲长假对于杜甫的仕途是不利的，然而自从离开亲人，已经很久没有回家探望，杜甫还是满心欢喜地接受了这莫大的恩泽。这年闰八月，杜甫便开始踏上北归回乡之路。

北归羌村

人言落日是天涯，望极天涯不见家。

已恨碧山相阻隔，碧山还被暮云遮。

——李觏《乡思》

回家对于任何人而言，都是一段温馨而又急切的旅程，尤其是离家很久的游子，回家更是魂牵梦萦。战乱时期，回家是多么奢侈的事情啊。

闰八月的凤翔虽然刚刚经过一场秋雨，但空气还是压抑得让人喘不过气来。杜甫却在此时得到天大的隆恩，被恩准回乡探视妻儿。因为房琯事件，杜甫在政治生涯上遭遇到前所未有的挫折，当年"麻鞋见天子"的杜甫感受到了肃宗的冷淡。这一时期，杜甫感到前所未有的失落、挫折、苦恼以及报国无门、壮志难酬的愤懑。此时的回乡，给杜甫忧郁的内心一点慰藉。在叩谢隆恩后，杜甫就简单收拾了一下，开始启程。

因为安史之乱，当时的凤翔官吏只能勉强吃饱饭，杜甫此时已经被肃宗所嫌弃，再加上本身刚刚无罪释放，他更加不敢乞求能够衣马轻肥地回乡探亲。战争还没有结束，置办不起朝服的杜甫一身青袍，徒步向着凤翔城外走去。他回头望了一眼凤翔城，旗帜在暮色中忽明忽灭。那时的杜甫已经四十六岁了，满头白发，狼狈不堪。朝廷正在收复两京，马匹都被朝廷征用。杜甫想到北上的漫漫长路，光靠自己走还不知何时才能见到妻儿。一路上，曾经辉煌的大唐王朝已经满目疮痍，流民失所，饿殍满地。路过邠州的时候，他想到此时李嗣业正在这里镇守，就想问他借一匹马充作脚力。于是，杜甫写下《徒步归行》：

> 明公壮年值时危，经济实藉英雄姿。
> 国之社稷今若是，武定祸乱非公谁。
> 凤翔千官且饱饭，衣马不复能轻肥。
> 青袍朝士最困者，白头拾遗徒步归。
> 人生交契无老少，论交何必先同调。
> 妻子山中哭向天，须公栎上追风骠。

这虽然是一首干谒诗，但又不仅仅局限于此，杜甫希望李嗣业能够在国家危难之际，平定祸乱，为国出力，同时也提到了自己的艰难处境，颇有些自怨自怜之意。最后，这首叙说近况的诗作让杜甫得到了一匹马，白头左拾遗就骑着这匹马向着鄜州前行。他登上一座座寒山，发现了战士饮马的水窟，到达邠州郊外时，他感觉自己就像走进了地底。路上，泾水奔流不息地挡在杜甫的面前，山谷里还能听到猛虎的吼叫。天色渐晚，杜甫看见落雁在寒冷的秋水上漂浮着，饥饿的乌鸦聚集在戍楼上，路上行人稀少，白骨露于野，他不知道战乱何时才能停休。路上的秋菊盛开了，石道上古代的车辙痕迹依旧清晰。青云飘浮在天上，山野的树上结满了野果，橡实和板栗沉甸甸地压低了枝丫，这里真是世外桃源啊。这样的景色，难免会使人发出感慨。平静的水潭倒映着两鬓的白发，他站了好久，不禁发出"兵戈犹在眼，儒术岂谋身。共被微官缚，低头愧野人"的感叹。

随后，他经过九成宫、看到了玉华宫，行到昭陵。杜甫下了马，手里牵着缰绳，徒步走在荒草疯长的宫阙之间。这些昔日的皇家建筑，没有了往日的气派，只有荒草萋萋，被野鼠当成了窝。他想起当年潼关的百万大军，片刻之间就被打败，秦中的一大部分百姓成了野鬼。年迈的杜甫深深叹了一口气，跨上马，望着夕阳下残破的宫殿，继续向着北方走去。这一路的见闻，在杜甫的内心掀起了极大的波澜。路途的苍凉让他伤感于战乱和自己的年老，看到遗迹又对王朝的兴衰和自身的遭际无限感触。面对故宫而思念新君，这时他寄希望于肃宗，希望肃宗能够再次中兴国家。这一路的北上过程，让杜甫的诗歌再次发生了改变，从尔虞我诈的凤翔朝廷，来到生灵涂炭的民间，国事和家事纠结在一起，渴望报效国家却又英雄末路，让杜甫只能再次深深叹息。

当西边的天空晚霞赤红，夕阳照着脚下的土地，杜甫听到柴门鸟雀的聒噪，鸡鸣犬吠之声，他终于回到了羌村。战乱年代，和家人分别已久，大家都没有想到杜甫竟然会活着回来。

杜甫把一路奔波得有些疲惫的马拴在门外的树上，看到眼前茅舍旧屋，炊烟袅袅，他的眼睛有点涩涩的。从凤翔到鄜州，六百六十多里的路程，长途跋涉就是为了和家人团聚。他想到自己当年护送家人到鄜州，然后北上灵武，遭到叛军的拘押、出逃到凤翔，任职左拾遗，直到因为房琯事件直谏而得罪肃宗皇帝，现在被特许还乡探亲。这才短短的一年时光，杜甫就经历了人生的大起大落，怎能不让人唏嘘。或许是屋内人听到了鸡犬的动静，茅屋里传来了一声"谁啊？"

杜甫慌了一下。破旧的柴门"吱呀"一声开了，一个蓬头垢面的夫人出现在杜甫的面前。衣裳补成了百结，头发乱如飞蓬，她呆呆地看着眼前人，突然放声大哭起来，整个村庄都回荡着她的哭声。杜甫赶紧上前搀扶住她，不敢相信地拨开她眼前的乱发，那双水汪汪的泪眼里，满是生活的沧桑和苦楚。她就是自己日思夜想的妻子杨氏，两人抱头痛哭。

妻子没有想到杜甫还活着，抹着眼泪惊喜地上下打量着丈夫。听到了母亲的哭声，两个儿子跑了出来，认出眼前的父亲，都转过脸去哭泣。杜甫看到自己日夜牵挂的娇儿，因为营养不良，脸色惨白的像雪一样，身上污垢油腻，也没有穿袜子，心里很不是滋味。妻儿簇拥着杜甫回到屋里，屋内的床上还有两个小女儿，身上穿着补过的旧衣服，刚刚遮盖过膝盖。环顾屋内，残垣破壁。邻居们听到他回来了，都爬满墙头，争相观看，感叹不已。夜晚，躺在羌村的床上，夫妻俩都辗转难眠，妻子起来又点起了蜡烛，两人手拉着手，觉得一切就像是梦一样。两人都有说不完的话，诉不尽的情。

这次回家，杜甫想到自己晚年还要这样被迫苟且偷生，回家的喜悦之情被冲淡了些。看到孩子们一步不离地跟着，生怕父亲又离开他们，"娇儿不离膝，畏我复却去"，杜甫又感到一阵心酸。他走到当年池边乘凉的大树边，北风呼呼地吹着，思量着国家百感焦虑。回头一想今年禾黍还能够丰收，感觉酿好的酒已经从糟床里流出来。那些足够自酌自饮的酒，也算是能够用来安慰自己的暮年。从国家到个人，杜甫此时的心境也渐渐平复下来，感受一下平静的生活。

"群鸡正乱叫，客至鸡斗争"，杜甫让孩子们把乱叫的鸡赶到树上去，才听到有人敲门。原来是村里的四五个父老乡亲，听到他回来了，都带着礼物来看望他。大家倒上浊酒，稍微沉淀下，酒就变得澄清了。他尝了一口，酒味很淡。父老们叹了口气，解释了一下酒味为什么这样的淡薄。"苦辞酒味薄，黍地无人耕。兵革既未息，儿童尽东征。"现在战火未熄，田地无人耕种，连孩子都被拉去东征打仗。大家都摇了摇头，不说话。杜甫手里握着酒杯，不知道该说什么，在这艰难的岁月里愧对父老的深情，那就为父老们唱首歌吧。他没有提到他唱的什么歌，但是"歌罢仰天叹，四座泪纵横"足以说明杜甫唱的动情感人。

这些回家的细节，在杜甫的《羌村三首》中得以全面的展现，悲喜交集的心境，苦闷矛盾的感情交融在一起，包含着悲悯和无可奈何。

羌村三首

其一

峥嵘赤云西，日脚下平地。

柴门鸟雀噪，归客千里至。

妻孥怪我在，惊定还拭泪。

世乱遭飘荡，生还偶然遂！

邻人满墙头，感叹亦歔欷。

夜阑更秉烛，相对如梦寐。

其二

晚岁迫偷生，还家少欢趣。

娇儿不离膝，畏我复却去。

忆昔好追凉，故绕池边树。

萧萧北风劲，抚事煎百虑。

赖知禾黍收，已觉糟床注。

如今足斟酌，且用慰迟暮。

其三

群鸡正乱叫，客至鸡斗争。

驱鸡上树木，始闻叩柴荆。

父老四五人，问我久远行。

手中各有携，倾榼浊复清。

苦辞酒味薄，黍地无人耕。

兵革既未息，儿童尽东征。

请为父老歌，艰难愧深情。

歌罢仰天叹，四座泪纵横。

　　和《羌村三首》写于同时的是《北征》。这是一篇可以和《自京赴奉先县咏怀五百字》相媲美的诗歌，共一百四十句，被称为诗歌体的陈情表。全诗按照"北征"的路程，从凤翔出发到鄜州家里，写了蒙恩回家探亲，路上的见闻，回家后与妻子儿女相见时的悲喜，自己在家中仍然关心国家形势，甚至如何向回纥借兵的建议，最后表达了对肃宗中兴的期望，朴实深沉，规模宏大。作为诗人，杜甫的伟大在于他总是把个人的命运与家国情怀联系在一起，满怀忧国忧民的情思，又怀抱着满满的希望。

忆昨狼狈初，事与古先别。奸臣竟菹醢，同恶随荡析。
不闻夏殷衰，中自诛褒妲。周汉获再兴，宣光果明哲。
桓桓陈将军，仗钺奋忠烈。微尔人尽非，于今国犹活。
凄凉大同殿，寂寞白兽闼。都人望翠华，佳气向金阙。
园陵固有神，扫洒数不缺。煌煌太宗业，树立甚宏达。

——《北征》

"读出师表不哭者其人不忠，读陈情表不哭者其人不孝"。李密在《陈情表》中沾着泪水，深情诉说了人间至真的情怀。而《北征》诗中，杜甫用细腻的笔触书写了归家后与妻儿想见的情形，真切自然，饱含心酸。

经年至茅屋，妻子衣百结。

恸哭松声回，悲泉共幽咽。

平生所娇儿，颜色白胜雪。

见耶背面啼，垢腻脚不袜。

床前两小女，补缀才过膝。

海图坼波涛，旧绣移曲折。

天吴及紫凤，颠倒在裋褐。

老夫情怀恶，呕泄卧数日。

那无囊中帛，救汝寒凛栗。

粉黛亦解包，衾裯稍罗列。

瘦妻面复光，痴女头自栉。

学母无不为，晓妆随手抹。

移时施朱铅，狼藉画眉阔。

生还对童稚，似欲忘饥渴。

问事竞挽须，谁能即嗔喝？

眼前的妻儿住在茅屋里，衣衫破烂，孩子们也营养不良，但身处乱世一家人终于能团圆，千言万语无从说起，只有泪水纵情地流淌。杜甫想起自己临行前给家人买的东西，赶忙打开包裹，取出里面的粉黛胭脂。好久没有施粉黛的妻子脸上又有了光彩，女儿也学着妈妈的样子梳头发，随手往脸上又是涂粉又是擦胭脂，还把眉毛涂得那么阔，一家人笑成一团。儿子们跑到他怀里拉着他的胡须，问这问那。这是多么温馨快乐的场景啊。这样的细节描写，充满生活的气息，使这首大气磅礴的诗歌，平添一抹人间的温情。

安史之乱让杜甫的人生道路发生了极大的转折，开启了他颠沛流离的漂泊生涯。仕途的不顺，也让他得以回归到民间，回到最底层的百姓生活中去，打开了诗歌创作的新局面。

第五章　为官几载终弃官

重回长安

　　公元 757 年（至德二载）闰八月，胡人突袭肃宗所在地凤翔，但是没有成功。到了九月，肃宗的长子李俶和大将郭子仪率兵十五万，再加上回纥怀仁可汗儿子领导的四千多回纥兵，一起攻入长安城西。此时，身在羌村的杜甫听到这个消息，仿佛自己也身在大军之中，山河马上就要收复，按捺不住激动的心情，挥毫写下《喜闻官军已临贼境二十韵》和《收京三首》。

　　　此辈感恩至，嬴俘何足操。锋先衣染血，骑突剑吹毛。

　　　喜觉都城动，悲怜子女号。家家卖钗钏，只待献春醪。

　　　　　　　　　　　　——《喜闻官军已临贼境二十韵》

　　此时的时局也确实如杜甫所想，唐军在积香寺澧水岸边打败了胡人，收复了长安。随即，洛阳也回到了大唐王朝的版图。

肃宗在十月回到长安，杜甫闻诏回京。这次在家闻诏和一年前闻诏去凤翔的心情迥然不同。杜甫抱着肃宗中兴国家的希望，十一月带着家眷从鄜州重回长安。在途中，写下《重经昭陵》"翼亮贞文德，丕承戢武威。圣图天广大，宗祀日光辉"。杜甫没有想到的是，等待他的是风云诡谲的官场。

肃宗回到长安后，第一件事就是论功行赏，当然还要处罚那些在安史之乱中投靠安禄山和史思明的朝廷官员。在战乱中，王维和郑虔也被囚禁在宣阳坊里。一轮寒月穿过纸窗，两位诗人面面相觑，不知道等待他们的什么。王维后来被迫接受了伪职，但他曾在洛阳菩提寺的墙壁上题了一首怀念唐王朝的诗"万户伤心生野烟，百僚何日更朝天。秋槐叶落空宫里，凝碧池头奏管弦"，加上弟弟王缙的营救，被赦免无罪。安禄山曾授予郑虔水部郎中的职位，但是郑虔气节在身，装病不去就任，最后被贬为台州司户参军。杜甫得知老友被贬谪，想去送别，却因为郑虔走的急促，没有成行。他写下一首《送郑十八虔贬台州司户》，怀念这位一辈子的好友，其中"便与先生应永诀，九重泉路尽交期"，肝胆至性，

交谊真情，读来更是让人潸然泪下。

回到长安后，杜甫写了一首《洗兵马》，也就是"净洗甲兵长不用"之意。那时候，中兴的将领们收复了山东，捷报昼夜向长安传送。唐军的士气正高涨，朔方军更是立下赫赫军功，长安城里随处可见骑着汗血宝马的士兵和在葡萄宫里吃肉的回纥兵。眼见天下就要再次太平，四海官员都来进献祥瑞，各地出现的白环、银瓮等都是官员们谋取官职的手段。杜甫呼吁从战场上回来的健儿不能懒散，希望人民安居乐业，洗净甲兵，再无战争。

这首诗中饱含了鼓舞和警惕的情感，后来被王安石称为杜集中的压卷之作。

田家望望惜雨干，布谷处处催春种。

淇上健儿归莫懒，城南思妇愁多梦。

安得壮士挽天河，净洗甲兵长不用。

——《洗兵马》

公元 758 年，安庆绪被围在了相州，向史思明求助。与此同时，广州急报，大食、波斯国围州城，守城的刺史逃走了，两个国家的士兵烧杀抢掠，唐军正为安史之乱而兵力不济，无暇顾及沿海的大食、波斯军队，只好任由他们抢掠后浮海而去。大唐王朝，从征服海外到被海外掠夺，内外局势风起云涌。

此时的杜甫仍旧做他的左拾遗，根据唐朝制度，谏官可以跟随宰相一起在御前听候。虽然皇帝近在眼前，但房琯事件后，杜甫已经没有当初直谏的勇气，只能够终日供奉肃宗，看龙颜行事。他日夜勤勉工作，为国担忧，但总是感到没有能够尽到左拾遗的职责，对自己职守的认识也开始模糊起来。他的文字也失去了针砭时政的锋芒，这一阶段写下的大多是一些《宣政殿退朝》《春宿左省》之类的闲散文章。然而杜甫对肃宗始终抱有"中兴"的念头，尤其是肃宗和他的关系不那么冷淡的时候，他仿佛又看到了仕途的希望。四月他跟随肃宗祭祀九庙，高兴地写下了"微躯忝近臣，景从陪群公"的自豪之语。端午节，他还得到了皇帝的赐衣。一直受到肃宗冷落的杜甫双手捧着赐衣，摸了又摸，热泪盈眶，他似乎感到皇帝的心意有所转变，也就越加卖力地工作起来。

身为谏官，杜甫每天按部就班的工作，宫中的日子悠闲而无趣。这时王维、贾至、岑参都在谏省里，王维任太子中允，岑参任右补阙，贾至任中书舍人。同朝为官，又都是诗人，他们彼此诗酒唱和，以打发无聊的宫中生活。贾至写了一首《早朝大明宫呈两省僚友》，把早朝的气派景象，沐浴天恩写得活灵活现，大家争相传阅和夸赞，杜甫也写了一首《和贾至舍人早朝大明宫》。值班守夜的时候，几个诗人也都你来我往地斗诗来消磨时光。《奉答岑补阙见赠》《赠王中允维》等都是杜甫这一时期写成的。这些作品和杜甫的《北征》甚至早些年写的《曲江三首》《哀江头》等风格迥然不同，失去了凄苦与沉重，有的只是应制诗、奉和诗的华丽辞藻，空洞的内容让这些诗在杜甫的诗集中黯然失色。这些唱和诗作并没有多大的艺术价值，但是朝夕相处，诗酒唱和，杜甫和几位诗人之间的感情却在此时得到了升华。

无聊的谏官工作，并没有让杜甫的生活有多大的改善，毕竟当时战乱未平，肃宗正准备大举收复两京。长安的马匹，无论公私都要收编进军队，朝官上朝下朝也只能徒步。从凤翔北归羌村的时候，杜甫曾向李嗣业借了一匹战马，回到长安后，他就把战马还给了官家。他时常感到生活的逼仄。他居住在巷子南，有时十多天都没有去看望巷子北的友人。他写诗告诉友人，不是因为他爱惜自己的身体，也不是脚力不行，只怕徒步走在街道上遇到了长官会被训斥，因为唐朝规定朝仪时候不准无骑。有时，他转念一想自己和友人都不再是壮年，哪里还有那么多的顾忌呢，"今朝有酒今朝醉"，趁着手里还有三百铜钱，就徒步出门去，买一斗酒和友人痛饮。

生活像一池死水，他也渐渐适应了这种生活状态。每天上朝看皇帝的龙颜行事，退朝后就典衣沽酒。此时的杜甫内心是烦闷的，他常常一个人到曲江边举酒独酌，然后一个人晃悠悠地回到简陋的屋子里。不过，这种畅饮的日子很少，他的生活窘迫不堪，常常因为欠着酒钱，遭受人家的白眼。饮一口酒，杜甫吟诵着"穿花蛱蝶深深见，点水蜻蜓款款飞"，"桃花细逐杨花落，黄鸟时兼白鸟飞"，"林花著雨胭脂湿，水荇牵风翠带长"的美景诗句。有时他想到自己整日饮酒，被人嫌弃，又懒于朝政，的确有违世情。思想的激烈斗争，让杜甫想着自己何时才能摆脱这一身朝服的束缚。这样的长安生活，困住了杜甫的身体，也困住了他的诗意，如果不来一场"突围"，恐怕诗歌史上就会少了一位"诗圣"。

政治的风云变幻就在顷刻之间。六月，房琯被贬为邠州刺史，肃宗决定要彻底清除所谓的房琯党派，一些和房琯有点瓜葛的在朝官员都受到了牵连。国子祭酒刘秩被贬为阆州刺史，京兆少尹严武被贬为巴州刺史，大云经寺僧人赞公被放逐到秦州，杜甫也被皇帝贬为华州司功参军。杜甫没有想到皇帝的赐衣自己还没有舍得穿，就被贬谪离开了长安。

　　杜甫拖着沉重的步子，背着一个破旧的包袱，满头白发，脸上没有任何的表情。从 757 年十一月到 758 年六月，短暂的供奉官生涯就这样结束了。一步一踉跄，他的内心凄苦无比。回望长安的落日，古老的銮阁被镀上了一层落寞，这一切以后只能在梦中相见了。

　　他慢慢走到了金光门前，这是出长安城的最后一道门。杜甫想起自己当年被胡人虏到长安，终于在一个傍晚，偷偷从金光门逃了出去。死里逃生的杜甫回头望了一眼金光门，心中感到无比的喜悦，他连滚带爬地朝着凤翔跑去，麻鞋见天子，换来了一个左拾遗的职位。如今，再次从这金光门出城，怎能不让他感慨万千。他没有李白"赐金放还"时候的坦荡和豪迈，他想得太多了。豪情壮志、家国理想都在被现实碰撞，渐渐已经老去的身躯，如何再为国家效力？杜甫回头再望了一眼长安，写下了一首《至德二载甫自京金光门出间道归凤翔乾元初从左拾遗移华州掾与亲故别因出此门有悲往事》：

　　　　此道昔归顺，西郊胡正繁。
　　　　至今残破胆，应有未招魂。

近得归京邑，移官岂至尊。

无才日衰老，驻马望千门。

　　这首题目比正文还长的诗歌，表达了自己被遗弃的伤感之情。杜甫没有想到的是，出了长安，重新回到民间的他却获得了诗歌的新生。长安少了一个"左拾遗"，诗歌史上多了一个"诗圣"。

三吏三别

　　出了金光门，杜甫向着华州走去。这一路，杜甫走得落寞和失落，离长安越远，他越加感到仕途的绝望。七月，杜甫来到华州地界。华州的夏天苦闷难耐，天气热得让人透不过气来。夜里常常有毒蝎子出没，白天苍蝇乱飞，环境如此恶劣，桌子上的文案却堆积如山。

　　工作和生活环境让杜甫时常郁闷，他常常一个人出去散散步。走在华州的东郊，路上落叶翻滚，甚是凄凉。他在路边见到了一匹被士兵遗弃的瘦马正悲鸣嘶叫。他想这匹歪歪倒倒的瘦马，去年应该还在疆场驰骋杀敌，如今因为老病的缘故被主人遗弃。没有主人的看管，只能被乌鸦啄疮欺负，好不凄凉。于是，杜甫写下一首《瘦马行》：

　　　　东郊瘦马使我伤，骨骼碑兀如堵墙。

　　　　绊之欲动转欹侧，此岂有意仍腾骧。

细看六印带官字，众道三军遗路旁。

皮干剥落杂泥滓，毛暗萧条连雪霜。

去岁奔波逐馀寇，骅骝不惯不得将。

士卒多骑内厩马，惆怅恐是病乘黄。

当时历块误一蹶，委弃非汝能周防。

见人惨澹若哀诉，失主错莫无晶光。

天寒远放雁为伴，日暮不收乌啄疮。

谁家且养愿终惠，更试明年春草长。

　　这匹瘦马的经历和杜甫人生的困顿何其的相似啊。满腔的壮志无处施展，老年迟暮晚景凄凉，杜甫也只能一声长叹。

　　华州司功参军，管理的是华州地方祭祀、礼乐、学校、选举、医筮、考课等文教卫工作。杜甫虽然感到无聊和无奈，但他还是非常地认真处理了不少文件，写了不少真知灼见的时政文章。"临危经久战，用急始如神。"李嗣业带兵路过华州时，为了感谢他当年的借马之恩，杜甫写下《观安西兵过赴关中待命二首》，盛赞李嗣业带兵纪律严明，希望李嗣业能够更好地报效国家。杜甫为华州的郭使君写成《进灭残寇形势图状》陈述敌我情形，指出唐军在和胡人对战中怎样避实就虚。

他还在《试进士策问五首》里提到在战乱中解决赋税、交通、徭役、币值等具体的关乎国计民生的问题。这一切都表明杜甫心怀国家、心忧百姓，渴望为国尽力的炙热之心。

这一年的秋天，杜甫去蓝田县拜访好友崔兴宗和王维。辋川别墅本来是宋之问的别圃，王维得到这个别墅后，就在这里弹琴赋诗，日子过得悠闲自得。崔兴宗居住在草堂里，杜甫欣然写下《九月蓝田崔氏庄》和《崔氏东山草堂》，对崔兴宗草堂的青山绿水，鸟语花香的环境大为赞赏。对于王维和崔兴宗，杜甫写下"何为西庄王给事，柴门空闭锁松筠"的诗句，咏颂崔氏草堂，而暗讽王维对功名的追求。

公元758年冬天，天总是阴沉沉的，雪还未下。在华州好友不多，工作又枯燥乏味，杜甫思念起战乱后的故乡洛阳。告假后，他就踏上了回洛阳的路。在路上，他遇到了好友孟云卿，两人一同住在了好友刘颢的家里。刘颢看见杜甫和孟云卿一起来到他家，感到非常的惊讶，赶紧置酒点灯准备佳肴。三个人把酒言欢，谈到现在的国家大事和彼此的际遇，不免唏嘘感慨，不知不觉鸡都叫了，才沾巾分散。

来到洛阳后，杜甫回到陆浑庄。故园依旧花香鸟鸣，但杳无人烟，一片狼藉。因为不久前这里才经历了一场劫难。唐肃宗许诺回纥兵收复两京后，土地人民归唐朝所有，金帛妇女任由回纥抢夺。洛阳收复后，这里遭受了回纥兵惨绝人寰的掠夺。不久，围攻相州的唐军大败，战马万匹只剩三千，甲仗十万几乎全部殆尽。洛阳城一带骚乱，市民都逃入山谷里，当年攻击房琯后留守洛阳的崔园逃到了襄州，河南尹苏珍逃到了邓州。各地士卒趁机剽掠，官吏根本就制止不住。

在这兵荒马乱的时候，洛阳又遭受这样惨绝人寰的掠夺，杜甫想起了家人，想起他的几个弟弟，发出"百战今谁在，三年望汝归"的期望。他得知河北的从弟已经战死，悲伤地写道：

面上三年涂，春风草又生。

——《不归》

好在不久他就得知远在济州的弟弟的消息，高兴地赶紧写信给弟弟，向他报告家里的情况。

汝书犹在壁，汝妾已辞房。
旧犬知愁恨，垂头傍我床。

——《得舍弟消息》

这一次回到洛阳，丧乱生死之感对杜甫而言尤为强烈，又逢冬去春来，悲伤凄切的感情，交织在一起。

杜甫一个人从洛阳回到华州。一路上，到处是烽烟四起，民不聊生的惨状。内乱未平，边境又传来急报，国家局势十分危急，为了迅速补充兵力，唐朝统治者实行了惨无人道的拉夫政策。杜甫把他的亲身经历，所见所闻，用他的如椽大笔写下了沉重的诗篇，这就是历史上"三百篇后唯杜陵而已"的《三吏》《三别》，分别是《新安吏》《石壕吏》《潼关吏》《新婚别》《垂老别》《无家别》。

离开洛阳后，经过新安，杜甫就听到一片闹哄哄的声音，原来是新安吏们在按照户籍册点兵。

杜甫走上前询问："难道新安县小得再也没有成年的壮丁了吗？为什么要抓这么小的孩子？"

官吏们回答说："昨天晚上府里就下达了文书，没有丁男的话就挨家挨户地抽中男。我们也是没有办法啊，你看看这些中男，年龄太小了，个子也实在太矮小了，怎么能守住王城呢？"

看着这一群孩子被赶到军队中，想到健壮的中男还有母亲相送，瘦小的中男由于父母在战乱中去世，无依无靠，现在又被拉去军队里，更加孤苦伶仃，杜甫只能安慰他们：

> 莫自使眼枯，收汝泪纵横。
>
> 眼枯即见骨，天地终无情！

——《新安吏》

但是杜甫转念一想，眼下的这场战争谁都不能避免，只有抵御胡人，才能换来和平的生活。杜甫知道自己没有办法解救他，只好上前告诉他们，军队的工作应该也不会太累，郭子仪肯定也会像他们的父兄一样照顾他们的。

杜甫继续前行，看见了一个老人，被征去当兵。老人说，现在到处都是战火，士兵的尸体遍布山岗，山间草木都有了血腥味，这世上哪里还有乐土。老妻不愿意老人去当兵，就卧在路旁啼哭，都到年关岁末的冬天了，她身上还穿着单衣。她知道老伴这一去就再也回不来了，只好叮嘱他自己保重，努力加餐饭。

还有一对新婚的夫妇，妻子也在送别丈夫。这小两口黄昏的时候才结婚，床还没有捂热，早晨的时候就要分别了，因为丈夫被召去守卫河阳。新婚妻子有一些怨言，觉得嫁给了征夫，从此以后无依无靠，感觉自己被丢弃在大路旁边。丈夫就这样离开了，自己作为儿媳的身份还没有确定，又怎么去见姑丈呢。妻子想起辛苦养育自己的父母，做女儿时从不让自己抛头露面，有了婆家后，丈夫上战场，自己又不能跟着去军队，怕影响士气。小两口只能唉声叹气，依依不舍。

杜甫还遇到一位从相州战败归来的士兵，他回到了残破的家园，因为战乱，大家都背井离乡，邻居也只剩下了老人。他简单收拾了一下家里，庆幸自己还活着，正当他打算扛着锄头去菜园耕作，县吏知道他回来后，让他去本州服役。士兵没有办法拒绝，他想到五年前久病的老母亲被抛弃在沟溪，没有得到他的赡养，觉得这个世界上已经没有什么可以告别的了。

杜甫笔触沉重，通过这些小人物的口吻，诉说着战乱造成的家破人亡。但一旦把自身的遭遇和家仇国难放在一起，又有了对战争胜利的希望和信心。

新婚妻子勉励丈夫：

勿为新婚念，努力事戎行。

——《新婚别》

老翁上战场，想到人生的选择：

人生有离合，岂择衰老端。忆昔少壮日，迟回竟长叹。

——《垂老别》

回乡老兵想到还能在本州服役，和远征相比又幸运得多：

家乡既荡尽，远近理亦齐。

——《无家别》

杜甫甚至劝说那些"中男"，战场上也有轻活和人情味：

就粮近故垒，练卒依旧京。
掘壕不到水，牧马役亦轻。
况乃王师顺，抚养甚分明。
送行勿泣血，仆射如父兄。

——《新安吏》

经过潼关时，杜甫看到士兵们在修筑城墙，就问潼关吏修筑城墙是为了修关还是为了防范胡人？潼关吏向杜甫介绍了战栅的密实，连飞鸟都不能飞过，既是修关，又能防御胡人来犯。杜甫还是担心一旦洛阳失守，潼关就会遭受到危险。他请求潼关吏转告守关的将军，千万不要学哥舒翰，不能重蹈他的覆辙。

杜甫一路走，一路上看到人民受到那么多的痛苦，心里感到无比的凄然。胡人肆虐，山河残破，他只能一边让这些人物自己诉说苦难，一边安慰鼓励他们。但是到了《石壕吏》，我们却看到杜甫无法再安慰他们了，他用白描的手法，客观地叙述，表达了人民最深的痛苦。

傍晚时分，杜甫投宿在石壕村一户贫苦的人家，这一家有一对老夫妇，一个儿媳和一个襁褓中的婴孩。一家人给杜甫准备了简单的饭食，安排他在后厢房里睡下。夜里的时候门被敲个不停，原来有差役到村子里抓人。听到了敲门的响动声，老翁跳墙逃走了。老妇人打开门，告诉差吏们家里没有男人。交涉了许久，差吏大声呵斥着，老妇人只能流着泪哀求差吏，说自己三个儿子都被拉去戍边，一个儿子来信说，另外两个儿子刚刚战死了。活着的人苟且偷生，死去的人再也不会回来。家里只剩下孤儿和连一件完整衣服都没有的儿媳，因为有孙子在，所以儿媳没有离去。差吏还是不依不饶，他们需要完成抓丁的任务。老妇人没有办法，只好主动上前说自己虽然年老力衰，愿意跟着他们连夜到河南的军营里，现在去的话还能为战士们做上早餐。

老妇人就这样跟着差吏走了，四周一边死寂。杜甫静静地听着，再也说不出什么的话语来安慰这一家人。

夜久语声绝，如闻泣幽咽。
天明登前途，独与老翁别。

——《石壕吏》

一路从洛阳回到华州，《三吏》《三别》就是一幅安史之乱的民间画卷。杜甫通过亲身经历，把官民形象、社会百态、时政动乱都刻画的精审入微。作者站在黎民百姓的角度悯勉慰荐，对他们表现出深刻的同情，《三吏》《三别》成为杜甫"诗史"的代表作，也是诗歌史上现实主义的一座高峰。

秦州同谷

公元 759 年（肃宗乾元二年）的正月，史思明在相州打败唐军后，杀死安庆绪，带兵回到范阳，自称大燕皇帝，准备趁机攻取河南。郭子仪的大军和史思明的大军经过几场交锋，有胜有负，双方暂时处于胶着状态。大战之际，百姓背井离乡，百业不兴。这一年夏天，天又大旱，许久都没有下雨，田地里一片黄土尘埃，庄稼粮食颗粒无收，出现了严重的饥荒。到处都是灾民难民，饿殍在路旁随处可见，哭声震天，统治者还在不断地拉壮丁去服兵役。

朝廷里，李辅国因为辅助肃宗在灵武即位有功，被委以重任，掌握着宣传召命，四方文奏，宝印符契，就连晨夕的军号都由他一人负责。没有想到的是，李辅国不思如何报效朝廷，反而日渐骄横跋扈，权倾朝野。

李辅国不仅结党营私，他还利用肃宗和玄宗的父子矛盾，借机清除了以房琯为首的玄宗一党，巩固自己的势力。杜甫也因为房琯事件的影响，被流放到政治的边缘。从洛阳回到华州，一路目睹民间疾苦，回到华州后，他相继写下了《夏日叹》《夏夜叹》《立秋后题》等诗篇。内忧外患、朝野混乱，杜甫一叹再叹，觉得在华州当一个司功参军实在是没有什么意思，于是有了弃官的念头。这次弃官，表明他对官场和政治的绝望。

弃官后，杜甫就要考虑该往哪里投身。当时关中大饥荒，洛阳老家又发生了战乱，长安物价飞涨，这些地方都容不下他了。秦州地处边陲，与吐蕃接壤，而当时河南贼虐，安史之乱尚未平息，秦州属于大后方，还没有受到战事的波及。况且杜甫还听说秦州下了雨，似乎秋收有保障，"耕田秋雨足，禾黍已映道"（杜甫《遣兴三首》）。他的从侄杜佐在秦州东柯谷有几间草堂，僧人赞共也在秦州的西枝村开辟了几孔窑洞，杜甫把秦州作为自己理想的栖息之地，七月份弃官后，就带着一家人前往秦州居住。

秦州，唐朝时候隶属陇右道。史书记载，秦州山路崎岖，九转连环，林深叶茂，要想翻过这里的大山至少需要七天的时间，也正是因为此地位置偏远，路途凶险，才免于战火侵扰。杜甫带着家人一路风餐露宿，翻山越岭，在路上还遇到了流民和唐军，他们一家人也是战战兢兢，好在有惊无险。从华州到秦州，杜甫的内心也一直激荡不安，时情时景引发他无限的诗思和长叹，这些都出现在他所写的诗篇中。

到达秦州后，杜甫打听到在西枝之西有一山谷，宜人可居。《寄赞上人》一诗中写道："近闻西枝西，有谷杉黍稠。亭午颇和暖，石田又足收。"赞公也劝他在这里建一个草堂。当时杜甫带着一家老小，连吃饭都成问题，哪里有钱来盖草堂呢。在《西枝村寻置草堂地夜宿赞公房二首》杜甫吐露出明朝再寻胜地，安置草堂的期望，"幽寻岂一路，远色有诸岭。晨光稍朦胧，更越西南顶"。暂时没有办法建造草堂，杜甫就带着家人暂住在东柯谷，和他的从侄杜佐很近。在《秦州杂诗》里，杜甫就写道东柯谷住着数十人家，青山绿瓦，映竹水穿沙，土壤虽然贫瘠，但是可以种些板栗，向阳的山坡也能够种些瓜果之类的。今天，在东柯峡谷，还能见到杜甫的祠堂。

此时的秦州还算平静，战火远在山外，这里俨然是一处世外桃源。杜甫安顿好家人后，闲暇之时得以游览这里的名胜古迹。游览城北古寺，他看到"秦州城北寺，胜迹隗嚣宫。苔藓山门古，丹青野殿空"的荒凉和冷落。走在秦州的城楼上，听到胡笳的低鸣，亲见军士列阵习武，"城上胡笳奏，山边汉节归。防河赴沧海，奉诏发金微"。通过和秦州的守卫聊天，杜甫得知这一年八月，因为和亲的宁国公主没有生子，被回纥人放回长安。这对唐朝而言是莫大的耻辱，但是此时盛世不再的王朝只能敢怒不敢言。九月，史思明攻陷洛阳，回纥兵不帮助唐军，却趁机索要补给。本就国库空虚的唐王室，只能把沉重的负担加到人民身上。杜甫感觉到回纥日渐骄横，吐蕃也日渐膨胀，写下了《留花门》等诗篇，以警醒朝廷，希望朝廷防范回纥和吐蕃势力。在秦州，杜甫心有郁结，经常感时伤怀，虽然战火不在这里，但是大唐王朝却面临着前所未有的劫难，忧国忧民的诗人此时也忧心忡忡。

秦州虽然地处偏远，远离战火，但是杜甫在秦州的日子并没有想象中的那么舒服，贫穷常常压得他喘不过气来。他在写给杜佐的诗《佐还山后寄三首》中询问"甚闻霜薤白，重惠意如何"，希望杜佐能够给他一些米和薤菜。诗中用到了"重惠"一词，说明杜甫已经不止一次地向他索要了。隐士阮昉送给他薤菜三十束，他还专门写诗感谢。窘迫生活使杜甫不得不寻找谋生的出路。他在家中踱来踱去，想到自己只是一介书生，手不能提肩不能挑，还有老妻幼子等着吃饭，不由得摇头

杜甫传：诗中圣哲，笔底波澜

186

叹气。他看到放在墙角的旧药篓子，忽然想起自己在长安卖药的经历。秦州山峦起伏，山中药材众多，杜甫仿佛看到了一丝希望，他背着老背篓，拎着小镰刀就出了门。山林茂密，野径难行，但熟悉药理的杜甫很快就采到了不少草药。拿到药店去卖，换得一点钱，家人的温饱暂时得以解决。近处的草药被采摘的差不多了，杜甫就到更远更深的山里去。他在密林中行走，在悬崖边攀爬，只为寻找到一棵草药。山林里虫蚁多，也常常有野兽出没，环境非常恶劣。何况采药不仅危险，有时一整天也采不到一把，整天提心吊胆的杨氏劝杜甫在屋前种植了一片药圃。夫妻两开辟了一块地，买了些药苗种上，他人也赠送了不少。为了生活，杜甫的脑子里时刻都在想着草药。他去太平寺游览的时候，看到了寺中有一个泉眼，脑海中立刻就想到，如果用这些比牛乳还香美的泉水来灌溉药圃，那真会"三春湿黄精，一食生毛羽"。这样的幻想说明了杜甫对药圃的看重和对药材早早长成的希望。看到山泉之美，他还想着等到生活不再窘迫，手里有余钱，就盖草堂居住。

秦州的日子，杜甫是孤独寂寞的，时局动乱，亲朋分隔异地，他写了不少怀念友人的诗。他写诗给高适、岑参、贾至、严武、郑虔、李白、薛据、张彪等人，他还写下思念自己弟弟的《月夜忆舍弟》。

当然这一时期最为著名的还是思念李白的诗作。不知道怎么回事，一连三天晚上，他总是梦见李白。李白一身白衣，飘然像个仙人一样来到他家的门前。杜甫看见李白，赶紧上前拉着他的手，问他当初为什么走得那么急促，连句告别的话都没有。但他忽然想起李白被流放夜郎，怎么会有时间突然造访呢。李白告诉杜甫，自己这一趟来看他是多么的不容易，短暂叙说后，李白搔了搔白头发落魄憔悴地离开了。杜甫看到李白这样就走了，为他受到李璘事件的连累感到不值得，认为李白会有千万年后的名声。醒来后，杜甫仍然心心念念着李白，关注着李白的消息。自从李白因为李璘事件被流放夜郎后，两人就断了音讯。战乱中关于李白的各种谣言传来。杜甫听到谣传说李白在夜郎落水而亡，悲从中来，感慨像李白这样有才华的人总是命途多舛，魑魅偏偏喜欢人有过错。无处诉说自己的愤懑，也许李白只好和屈原聊聊，像他一样把诗篇投赠给汨罗江。杜甫一口气写下《梦李白二首》《天末怀李白》《寄李十二白二十韵》，从"梦""怀""寄"的字眼中可见，杜甫无时无刻不在关注着自己的好友，但他不知道的是，自己从洛阳回到华州的时候，皇帝早已大赦天下，李白中途得救。

梦李白二首

其一

死别已吞声，生别常恻恻。

江南瘴疠地，逐客无消息。

故人入我梦，明我长相忆。

恐非平生魂，路远不可测。

魂来枫林青，魂返关塞黑。

君今在罗网，何以有羽翼？

落月满屋梁，犹疑照颜色。

水深波浪阔，无使蛟龙得。

其二

浮云终日行，游子久不至。

三夜频梦君，情亲见君意。

告归常局促，苦道来不易。

江湖多风波，舟楫恐失坠。

出门搔白首，若负平生志。

冠盖满京华，斯人独憔悴。

孰云网恢恢，将老身反累。

　　千秋万岁名，寂寞身后事。

　　在秦州住了不满四个月，饥寒交迫中杜甫的疟疾再
一次发作了。每隔一日，便发高烧，寒热交替，折磨着
本就孱弱不堪的身体。杜甫不能再去山上采药，一家人
的生活也没有了着落，常常无衣无食，家里清锅冷灶，
儿女啼哭。杜甫的口袋里只剩下一文钱，却又省着不
用，因为他要留着无事时看看。

　　翠柏苦犹食，晨霞高可餐。

　　世人共卤莽，吾道属艰难。

　　不爨井晨冻，无衣床夜寒。

　　囊空恐羞涩，留得一钱看。

——《空囊》

　　正在走投无路时，同谷县有位"贤主人"来信说，
同谷可居。同谷有良田出产薯蓣，山崖里有丰富的蜂
蜜，竹林里有新鲜的冬笋，这一切都让杜甫向往。"草
木未黄落，况闻山水幽。栗亭名更嘉，下有良田畴。充
肠多薯蓣，崖蜜亦易求。密竹复冬笋，清池可方舟。"

（杜甫《发秦州》）他发挥想象，把同谷幻想成乐园。秦州不是久居之地，现在又生活困顿，他决定离开秦州，南奔去同谷。

杜甫拖家带口地从秦州西南的赤谷起程，途经铁堂峡、盐井、寒峡、法镜寺、青阳峡、龙门镇、石龛、积草岭、泥功山、凤凰台。这一个个坐标，都是杜甫一生行藏的关键点。进入同谷境内后，从龙门镇开始，杜甫一日一程，一程一诗，共写了七首纪行诗。从这些纪行诗里，可以看出诗人除了风雪饥寒中艰苦跋涉外，还得与凶险的山川、虎豹搏斗，走一步克服一步的艰难。

然而同谷并不是"贤主人"说的那么宜居，而这位"贤主人"似乎也没有对杜甫起到多大的帮助，生活还得靠自己来解决。寒冬腊月，刺骨的风从山间而来，在同谷吹来吹去。年关将近，别说年货了，就连日常的饮食都成问题，白发苍苍的杜甫决定去山上拾橡栗。这种橡栗，就是成语"朝三暮四"中狙公分给猴子们吃的食物。大雪齐腰，山上的动物都回到巢穴里，到处都是白茫茫一片，哪里有什么食物可寻呢？一直到傍晚，他在山上仍然一无所获。手脚冻裂，皮肉也开始僵死了，老诗人只能一遍遍唱着哀歌。有时他到山里挖掘黄精，但大雪压山，根本就找不到任何黄精，他在山里转了许久，冻得受不了，只好空着两手回到家徒四壁的家中。儿女们看到杜甫空手而归，饿得只是啼哭。此时此刻，他又想到三个弟弟都在远方，音讯阻隔，十年不曾会面的妹妹成了寡妇。生活举步维艰，家人飘零他方，无衣无食的处境，让杜甫对人生产生了深刻的感触。

　　有客有客字子美，白头乱发垂过耳。岁拾橡栗随狙公，天寒日暮山谷里。中原无书归不得，手脚冻皴皮肉死。呜呼一歌兮歌已哀，悲风为我从天来！

　　长镵长镵白木柄，我生托子以为命！黄独无苗山雪盛，短衣数挽不掩胫。此时与子空归来，男呻女吟四壁静。呜呼二歌兮歌始放，闾里为我色惆怅！

——《乾元中寓居同谷县作歌七首》

　　这一年的十二月一日，杜甫觉得同谷不可久留了，因为战火开始波及到这里。他带着一家人从同谷取道东南，历当房村，经木皮岭，渡白水峡，向西蜀重镇成都府艰苦跋涉，开始了他"漂泊西南天地间"的生涯。

第六章　漂泊西南天地间

成都草堂

　　公元 760 年四月起，一直在下雨。大雨下了接近两个月，许多房屋都倒塌了，路上的水洼里还能看到鱼。连绵不绝的雨让田里的庄稼颗粒无收，米价开始疯长，一斗米价值七千钱，大路两旁有许多饿死的百姓，民间甚至出现了人吃人的现象。与此同时，币制混乱，京兆尹派人捉拿私造钱币的人，几个月内打死了几百人。当时安史之乱尚未平息，党项开始骚扰边境，威胁着京畿的安全，皇帝让郭子仪留守京师，想借他的名气镇压外族入侵。朝廷中，李辅国任兵部尚书，宰相和朝廷大员都去送他上任，连御膳房都为他准备饭食，太常为他奏乐，朝纲混乱可见一番。成都虽然偏居西南，但也并不安稳。梓州节度使段子璋造反，攻占了绵州。西川节度使崔光远和东川节度使李奂攻打绵州。花敬定认为自己杀了段子璋有功，任由将士们肆意剽掠，杀了数千人，士兵们见到妇女手臂上的金银镯子手钏，都要砍断人家的手臂取下来。

公元759年12月1日，杜甫携着家人自陇右入蜀。刚刚到成都的时候，杜甫居住在浣花溪寺。浣花溪寺在成都府西边七里左右，极其宏伟，庙中的住持是复空大师。复空大师早就知晓杜甫的诗名，就让杜甫一家暂时居住进去。借助在寺庙里始终不是办法，毕竟一家老小，还有女眷，生活十分的不方便。在成都朋友的帮助下，杜甫在寺庙里没有住多久，就在浣花溪畔找到一块田地，开荒后，在一棵有两百年历史的古树下盖起了一座简陋的茅屋。当时高适在彭州任职，听说杜甫一家来到成都后，马上寄诗来问询，并且送来了米。浣花溪寺旁的邻居也给杜甫一家送来一些蔬菜。

杜甫的这个草堂经营得并不容易，因为穷困潦倒，一草一木都需要朋友和亲戚的帮助才能完成。表弟王十五司马出郭相访，走过野桥，给他送来建筑费。这真是解决了盖草堂的燃眉之急，杜甫感动地说："他乡唯表弟，还往莫辞劳。"草堂建成了，杜甫想要在草堂的周围种些树苗，既可以美化环境，又能成材后卖钱贴补家用。但他没有余钱买树苗，就写诗寻求赠送。他请求萧实春前送一百根桃树秧到浣花村；绵竹县的特产是绵竹，他又写信给韦续；石笋街附近的果园坊里有不少的果木秧，他亲自去求人家给几株绿李黄梅……经过一番修缮和装饰，草堂终于落成了，杜甫感到很是满意，终日在草堂内外欣赏着。路过的人还以为这是扬雄的房子呢，他颇为自得，也懒得去做解释。杜甫还专门写了一首诗描述草堂的环境：

> 诛茅初一亩，广地方连延。
>
> 经营上元始，断手宝应年。
>
> 敢谋土木丽，自觉面势坚。
>
> 台亭随高下，敞豁当清川。
>
> ——《寄题江外草堂》

　　草堂周围种植了不少花草树木，清幽秀丽。杜甫觉得屋内也要装饰一下。当时韦偃住在成都，他就请韦偃在墙壁上画了骏马和双松图；王宰的山水图功力了得，杜甫也请他来草堂作画。杜甫对他们的画非常满意，还特意为墙上每幅画配上了诗作。经过两三个月的经营，杜甫草堂终于落成了。朋友们经常到这里来祝贺他，杜甫也在这里写下《有客》《宾至》《遣愁》《遣兴》等叙事写景之作。

　　有了固定的住所，生活暂时有了着落，杜甫得以游览成都的大好河山。初秋他和裴迪登上新津寺，听到古寺的钟声袅袅，看到鸟儿的影子飞过池塘，如此美景，竟使他们忘记了时间。晚上他们决定在僧房里借住一宿，继续欣赏寺间夜色。"蝉声集古寺，鸟影度寒塘。……老夫贪佛日，随意宿僧房。"（《和裴迪登新津寺寄王侍郎》）成都的诗人不少，很多是杜甫的好友，他给高适写诗，给蜀僧间丘师兄赠诗。草堂的落成，让杜甫有了安居之所；和友人们的诗歌唱和，让杜甫的身心得到的平静。生活的安定，让他开始关注自然现象。他的诗歌诸如《田舍》《江村》《江涨》《野老》《云山》等，描述了恬淡宁静的生活场景，歌颂自然界的鸟语花香，许多美丽的自然意象都出现在他的诗歌中。杜甫眼前的春天是"红入桃花嫩，青归柳叶新"，看到的春雨是"随风潜入夜，润物细无声"。这些诗和洛阳道上、秦州道上的诗歌相比，完全是两种不同的风格。那些沉郁顿挫的诗作到了成都成了春和景明的状物诗，这也恰恰反映了杜甫对于眼前"老妻画纸为棋局，稚子敲针作钓钩"的生活的珍惜。

但杜甫的诗歌并只流连于这样的田园乐章，在风雨来袭的时刻，他仍然是那个关心民间疾苦，忧国忧民的"诗圣"。

八月的一天，屋外狂风呼啸，把杜甫草堂屋顶上的三重茅草都刮走了。杜甫赶紧追出门，想要把这些茅草抱回来。风很大，有的茅草飞过江洒在了江郊，有的挂在树梢上，有的则沉入了池塘里。南村的儿童们看见杜甫年老力衰，故意来欺负他，当着他的面把茅草抱到竹林里去，像贼一样。可怜的杜甫唇焦口燥地呼喊着，那些儿童根本就不怕他，跑得更远了，他只能拄着拐杖回到屋内独自叹息。风停了，天色瞬息万变，天空中乌云像墨一样黑，天色阴沉渐渐暗下来，眼看大雨将至了。杜甫抬头看见屋顶的茅草被风刮走后，雨滴噼里啪啦地落在了屋子里。床上盖了多年的被子冷得像铁一样，娇儿夜里睡相差，被子都被蹬破了。雨哗啦啦地下了一夜，屋里漏雨，床头地面没有一片是干的地方，一家人也没有接水的盆碗，只好干坐着流泪叹息。自从安史之乱后，杜甫就很少安眠，这样的漫漫长夜又该如何度过呢？艰难的困境，恶劣的天气，杜甫想到的却是那些流离失所的人民和天下的寒士们。此时正处于风雨之中，他大声呼吁：

安得广厦千万间，大庇天下寒士俱欢颜，风雨不动安如山。

呜呼！何时眼前突兀见此屋，吾庐独破受冻死亦足！

——《茅屋为秋风所破歌》

这样的胸襟和气魄，在杜甫的其他诗作中也比比皆是。见到石笋，想到"壮士"：

惜哉俗态好蒙蔽，亦如小臣媚至尊。

政化错迕失大体，坐看倾危受厚恩。

嗟尔石笋擅虚名，后来未识犹骏奔。

安得壮士掷天外，使人不疑见本根。

——《石笋行》

看到三犀牛刻石，也想到"壮士"：

先王作法皆正道，鬼怪何得参人谋。

嗟尔三犀不经济，缺讹只与长川逝。

但见元气常调和，自免洪涛恣凋瘵。

安得壮士提天纲，再平水土犀奔茫。

——《石犀行》

看到枯死病死的树木，杜甫想到人民遭受到官府的残酷剥削，忧虑民生疾苦，写下《病柏》《病橘》《枯楠》《枯棕》等诗篇。杜甫在这些诗作中，对自身的艰难处境不再顾影自怜，而是对那些把持朝纲，祸害百姓的当权者深恶痛绝，对百姓的苦难深深忧虑，希望救民于水火之中。

杜甫想起年少之时，是多么的无忧无虑、体格健壮，经常上树摘枣，一天能上个千百回。可是现在年老力衰，行动不便，坐卧多而行立少，一辈子低眉俯首，老来还要强作笑脸，向他人索取衣食，不禁悲从中来。他本来以为草堂建成，有个落脚之处，生活会有所改善。可是一进家门，依旧家徒四壁，没有余粮，一贫如洗。老两口相顾无言，满脸愁容。痴儿年少无礼，饥饿让他对着厨房里啼哭，发怒要饭吃。杜甫没有办法制止，也只能唉声叹气。

不久，高适到成都，任蜀州刺史，和王抡一起带着酒到草堂找杜甫。好友来访，杜甫非常高兴，赶紧张罗让他们坐下，可是他又面有愧色，因为没有菜肴招待，只好劝他们多喝酒。即便如此，大家还是相谈甚欢，并且约定一起去游览附近的新津、青城等山水佳处。

公元 762 年，草堂迎来了杜甫生涯中一个重要的人物，他就是严武。春日，天气和暖，风雨过后，杜甫将草堂简单修缮了一下，添补了一些茅草，把被褥也拿到门前的树上晾晒。这时，不远处响起了马蹄声，杜甫循声望去，只见一队人马簇拥着一个衣着光鲜的人向着草堂走来。邻居们感到很惊讶，因为很少有官府的人来这里，大家都惊慌失措，以为是来拉壮丁的，吓得躲了起来。杜甫年迈，子女又小，躲是躲不及了，他索性在椅子上坐下来。来人从马上下来，走到杜甫的面前。闻到了酒香，杜甫睁开眼一看，惊喜地发现站在眼前的人是好友严武。严武时任成都尹，到成都后，就来拜望杜甫。严武看到杜甫的草堂如此简陋，想到好友的生活这样艰辛，长叹了一口气。两人交谈许久，严武对杜甫忧国忧民的精神敬佩有加。此后，严武常常来到草堂，花边立马，竹里行厨，对杜甫的生活也给予了很多帮助。

随后的春夏之际，两人交往更加密切，严武邀请杜甫到自己家中参加宴会，两人一起欣赏了《蜀道画图》，对时事进行了探讨。杜甫写诗给严武，希望他能平定叛乱，报效国家。严武在成都做了不少好事，就连田舍翁都称赞他。春天，杜甫去村外散步，在一片花红柳绿中遇到了一位田舍翁。田舍翁说春社快要临近，邀请杜甫去他家尝春酒，他还邀请了不少村里人。田舍翁让妇人打开酒瓮，用盆取酒，并且高声喊着上果栗。大家都喝得很尽兴，杜甫几次想告辞都被大家拉住。酒酣之际，一个农夫指着大儿子说："他原来是一个弓箭手。名字登记在飞骑兵的军籍上。前几日府尹放他回家务农，有这样的父母官，差役赋税哪怕重得逼人致死，我发誓也不把全家搬走。"杜甫将这些话写在《遭田父泥饮美严中丞》一诗中，盛赞严武。

好景不长，唐玄宗、唐肃宗父子时隔十四日相继去世。七月，严武被召回京，入为太子宾客，迁京兆尹兼御史大夫。杜甫听说严武要入京，一路相送，一直送到绵州，并写诗勉励严武：

公若登台辅，临危莫爱身！

——《奉送严公入朝十韵》

杜甫想到自己"此生那老蜀，不死会归秦"，同时他也把救国救民的希望寄托在严武的身上。杜甫没有想到的是，朝廷这次要严武回京实际是命他充陵桥道使，监修玄宗、肃宗父子的陵墓。严武一走，剑南兵马使徐知道便在成都叛变了，杜甫开始了他流亡梓州的生涯。

漂泊避难

公元761年，史朝义与他的部下合谋杀死父亲史思明，掌握了他的兵力。代宗因为战乱频繁，兵力不济，没有办法和史朝义抗衡，就想仰仗回纥的兵力。回纥入境洛阳后，趁机烧杀抢掠，还到处放火，大火十天都不灭，死者数以万计。当时唐军也在洛阳、郑州一带肆意抢掠了三个月，没有一家人能够幸免，百姓只能穿着纸做的衣服。

杜甫送走了好友严武，离别伤感之情还未平复，成都就开始大乱。成都少尹徐知道趁严武不在，成都兵防空虚，趁机叛变。徐知道明白一旦朝廷知道成都大乱，肯定会派兵来平叛。为了阻止援军，就派兵往北断绝剑阁的道路，往西攻取耶州，联络西南的少数民族，增加自己的势力和筹码。严武因为徐知道据守剑阁，他尚在栈道中，困在巴山，着急的直抓头发。当时杜甫也在为这位好友担心，不知道他何时才能出巴山。

七月起兵的徐知道万万没有想到，不到一个月的时间，他会被自己的部下李忠厚所杀。李忠厚审时度势，决定归顺朝廷，剑南之乱得以平息。战乱后的成都也是千疮百孔，继任严武成都尹的高适，没有办法治理蜀地。徐知道叛乱虽然很快被镇压，但是给成都造成了很大的骚乱，杜甫也在骚乱中不得不逃到梓州避难。

杜甫看到成都的乱象，发出了"凉风动万里，群盗尚纵横"的悲叹。在逃难的过程中，他相继写下了《光禄坂行》《去秋行》等表现离乱奔走的诗歌。因为徐知道叛乱事出突然，杜甫只好仓皇躲到梓州避难。妻儿还留在成都，他惴惴不安地思念着妻儿，也挂念着成都草堂是否也安然无恙。从成都来人，给杜甫带来一封家书，信中说女儿病了，他就更加着急地想要回到成都去。徐知道被杀后，杜甫终于在晚秋之际偷偷回到成都，决定把家人带到梓州避难。杜甫收拾好行囊，把草堂四周转了一圈，他再次看了一眼花了很大心血建好的草堂，想到又要漂泊，不禁悲从心中来。

杜甫到达射洪县，把家人安顿好之后，他顺便去金华山玉京观瞻仰陈子昂读书堂。杜甫对这位"有才继骚雅，哲匠不比肩"的诗人倾心不已，在诗中赞美陈子昂的同时抒发自己郁郁不得志的抱负。杜甫还去了通泉，看了郭元振的旧宅，欣赏了薛稷的壁画。杜甫在梓州听到雍王授钺，会师陕州的好消息，他欣然写诗，对早日平定战乱抱有信心。

公元 763 年，史朝义缢死于树林中，他的部下田承嗣和李怀仙带着史朝义的首级投降。身在梓州的杜甫听说唐军收复了河南河北，热泪盈眶，激动不已。杜甫回头看了一眼妻子和孩子，也都高兴得手舞足蹈，大家之前的忧伤都被一扫而光，杜甫胡乱地卷起诗书欣喜若狂。屋外，青天白日的好时光，正好可以唱歌喝酒，妻子建议趁着好春光，回到故乡去。杜甫也是归乡心切，规划着从巴峡穿过巫峡，经过襄阳后直奔洛阳。他的眼前仿佛出现了家乡的模样，草木依旧，邻里也都回来了。

闻官军收河南河北

剑外忽传收蓟北，初闻涕泪满衣裳。

却看妻子愁何在，漫卷诗书喜欲狂。

白日放歌须纵酒，青春作伴好还乡。

即从巴峡穿巫峡，便下襄阳向洛阳。

杜甫的美好计划还没有实现，国家安定的局势只是昙花一现。随着安史之乱渐渐被平息，回纥兵的气焰更加嚣张，所到之处，烧杀抢掠，因为有皇帝的命令，唐军也不敢阻止。在秦州的时候，杜甫就看到了回纥兵的危害，也看到了吐蕃趁机膨胀，杜甫在诗中希望朝廷不能姑息他们，要尽早地做好防范。果不其然，公元763年七月，吐蕃开始攻陷了秦、成、渭三州，河西陇右之地全都沦陷。九月，吐蕃入侵泾州，泾州刺史投降，并为吐蕃当向导。不久，吐蕃就进犯邠州。代宗仓皇逃往陕州，吐蕃军队没有遭受到任何阻挡就占领了长安。吐蕃兵肆意抢掠，唐军散兵也骚扰人民，百姓们都逃入山谷里。杜甫听闻，心碎欲绝，再度沦陷的长安让杜甫得不到那里的任何消息，也看不到一个人来告诉长安是否安稳？老诗人发出"得不哀痛尘再蒙"的感慨，对时局感到担忧。

八月，杜甫听闻房琯死于阆州僧舍，悲痛不已。杜甫当即为他写下一篇沉痛的悼文《祭故相国清河房公文》，对房琯之死感到无比哀痛。杜甫的后半生命运几乎和房琯相牵连，但是他没有因为上疏营救房琯获罪而耿耿于怀，而是对房琯一直敬佩有加，深深为房琯感到不值。

流亡的几年，杜甫一直心念着浣花溪边的草堂。他曾嘱咐弟弟杜占回一趟成都，检查一下草堂的状况，数一数鹅鸭的数量，看一下荆棘花的生长，并且告诉杜占腊月的时候要再栽种几棵竹子。杜甫毕竟在外面漂泊太久了，流亡占据了他的后半生，他太需要一个安稳的居住之地，哪怕只是一个简陋的草堂。他常常想着草堂外的四棵小松树，还希望藤草不要缠绕松枝，又担心天气变冷，松树不肯生长。就连送友人回成都的时候，他也要嘱咐人家看看草堂边的竹子，有没有抽梢高过土墙。

与此同时，严武回京后，在监修二帝陵墓时，颇有魄力，立下功劳，受到代宗的赏赐。严武得到提拔后，想到自己的好友杜甫，他在给杜甫写的诗中提到"莫倚善题鹦鹉赋，何须不着鵕䴊冠"，严武以祢衡即席作《鹦鹉赋》的故事，劝杜甫出来做官，不要单纯以文才自恃，并且表示自己可以举荐他，让他充分发挥自己的才能，施展政治抱负。不久，在严武的推荐下，朝廷赏赐京兆功曹的职位给杜甫。杜甫感谢严武的推荐，但是他不愿意再回到长安，以"扁舟不独如张翰，白帽还应似管宁"为由，觉得自己行踪漂泊不定，羡慕张翰那样自由，决定效仿管宁避乱他乡过隐居生活。并且杜甫漂泊西南，早有东游的决定，行程和路费都已经准备好了，就拒绝了朝廷的委任。

杜甫写好了诗文，向好友辞行。经过阆州的时候，他去了好友房琯的墓前，向他告别。就在他准备继续东游时候，杜甫听到朝廷把剑南的东、西川合为一道，严武被任命为剑南节度使。同时，严武也来信相邀，希望杜甫能够回到成都，与他共事。杜甫思念成都草堂，而且严武又镇守成都，自己又有了依靠。于是杜甫决定改道，带着妻儿去成都。杜甫回成都的心情是愉悦的，他在途中写了《渡江及先寄严郑公五首》，详细提到了草堂边的水槛和药栏、堂前的新松、堂内的乌皮儿；他对严武提到了草堂里还有郫县的竹筒酒和丙穴的嘉鱼；他书架上的书卷药囊肯定都已经被蜘蛛网尘封了，门前的小径或许早已荒芜，那些竹子也疯长，需要砍伐了……近两年的颠沛流离，都在五首诗作中表现了出来，诗人仿佛已经回到了草堂，一砖一瓦、一草一木都无比的熟悉，让人眷恋。

幕府生涯

　　一路奔波，杜甫终于回到了草堂，一番战乱流离之后，一家人再次回到了他们的家。杜甫也早已想到，两年的战乱和无人看管，草堂肯定不复从前那么有烟火气。门前院子里的荒草疯长，恶竹凌乱，推开门，野鼠在家里作窝，书卷都残破了，蠹虫壁鱼到处都是，水槛和药栏都已经破损，一片荒无人烟的迹象。好在家里的一条旧犬还认得主人，低着头在他的身边徘徊。邻居看见他们一家回来了，带着酒来看他们。严武对杜甫的归来非常高兴，特地派人来问他有什么需要。

　　杜甫随即和家人对草堂进行了一番修缮。草堂有了人烟，门前四棵小松树长的一人多高，草堂边的五棵桃树也开花结果，邻里之间相处得很是和睦，杜甫恢复了平静的生活，感到心满意足。

　　杜甫再次回到了成都，深得朝廷信任的严武可不愿意让他继续在浣花溪边过自己的悠闲日子了，极力举荐他出来做官。当时的杜甫虽然年龄大了，但是一颗壮心仍在。久经战乱，尤其是在梓州、阆州避乱流寓的时间里，杜甫的心情和想法都发生了很大的变化。眼见新君替旧朝，新登基的代宗翻了一些肃宗时所立的旧案，许多遭贬斥的旧臣又得以起用。杜甫的许多被贬谪的友人也相继应召入京重新做官，杜甫也不免心痒。他的心情不再平和，写出了一些"嫉恶怀刚肠"式的诗句。杜甫也知道自己因为房琯事件，朝中无人举荐，再回去做官已经是无望了。高适离职，自己失去了靠山，那些低微的职务又不能实现自己的抱负，反而徒添烦恼，所以他才想东游。直到听到好友严武再次镇守成都，杜甫看到了一丝的希望，兴奋地想着要回到草堂去。当时的唐朝为了对付吐蕃，合剑南、东川、西川为一道，把成都的支度、营田、招讨、经略等统为一休，严武的权力可以说相当大了。居住在草堂，杜甫也想着能够再次有所作为，他写下"飘摇风尘际，何地置老夫？于时见疣赘，骨髓幸未枯"的诗句，颇有主动请缨的意思。六月份，严武上表举荐杜甫为节度参谋、检校工部员外部，赐绯鱼袋，正式加入严武幕府。入严武幕府对于杜甫而言，是一个巨大的恩惠，也是杜甫人生中做过的最大的官。严武的举荐不仅可以解了决杜甫生活上的危机，而且还能弥补他"致君尧舜上"的缺憾。于是，杜甫开始了他在严武幕府中的生活。

说起来，杜甫和严武相识已久。杜甫比严武长了十四岁，论年龄应该算兄长，但论官职，杜甫却一直是下级。两人曾同朝为官，肃宗时，严武任给事中，杜甫任左拾遗。两人常有诗作唱和，杜甫在《奉赠严八阁老》一诗歌颂严武："扈圣登黄阁，明公独妙年。蛟龙得云雨，雕鹗在秋天。客礼容疏放，官曹可接联。新诗句句好，应任老夫传。"那时，两人同处于房琯门下，受到房琯的推荐，政治立场和想法也比较一致，彼此之间相处得也十分的融洽。在杜甫诗集中，有关严武的诗为赠友诗之最，共三十五首，占杜诗总量约四十分之一。杜甫对严武的评价甚高，譬如"贾笔论孤坟，严诗赋几篇"（《寄岳州贾司马六丈、巴州严八使君两阁老五十韵》），"阅书百纸尽，落笔四座惊"（《赠左仆射郑国公严公武》）。

后来，房琯因罪降官，杜甫上疏为房琯求情触怒肃宗而被嫌弃。被贬华州司功参军的杜甫离开长安之际，还给严武寄送诗作。《留别贾严二阁老两院补阙》一诗中，就有"去远留诗别，愁多任酒醺"的离愁别绪。杜甫离开长安后，严武也被贬为巴州刺史，两人分隔一方。后来杜甫旅居秦州，还寄了一首五百字的长诗《寄岳州贾司马六丈、巴州严八使君两阁老五十韵》给严武，诉说同是天涯沦落人的哀愁，流露出因为仕途失意，归隐山林之意。

杜甫从华州弃官后，带着家人开始漂泊。严武为官能力强，在仕途上重新焕发了生机，被任命为成都府尹兼御史大夫。幽居成都草堂的杜甫和严武再次相遇，只是两人的政治身份早已天壤之别。严武经常带着酒肉来看他，两人在草堂里对饮，诗词唱和，杜甫得到了严武的资助，生活基本平静下来。

严武奉召入朝后，成都大乱。杜甫继续漂泊，严武却在战场上立功颇多。公元764年（广德二年）七月，他率兵西征。九月破吐蕃七万余众，拿下了当狗城（四川理县西南），十月又拿下盐川城（甘肃漳县西北）。同时遣汉川刺史崔旰在西山追击吐蕃，把疆域拓宽了数百里。在秦陇一带，严武与郭子仪相配合，终于击退了吐蕃的大举入侵，保卫了西南边疆。征战途中，严武写下了记述这次战争的《军城早秋》一诗："昨夜秋风入汉关，朔云边月满西山。更催飞将追骄虏，莫遣沙场匹马还。"诗的前两句表面写景实则暗喻敌军已经进犯边关，战争一触即发之势，后两句表现出诗人指挥若定的大将风度，抒发了大获全胜的信心。

杜甫入了严武的幕府，也想着为好友、为国家出力。杜甫为严武出谋划策，协助他军事训练，闲暇之余，也和严武诗酒唱和。杜甫和他一起在北池眺望，谈论山河故地；在摩诃池泛舟，欣赏成都美景；一起观《崛山海江画图》，彼此分韵赋诗。这段日子，杜甫仿佛又回到了在长安的时候，和严武毫无拘束地聊天谈心。

但此时的杜甫已经是一个 53 岁的老诗人，早年战乱奔波身体大不如前，疾病复发，四肢麻痹，幕府中严格的作息时间让他常常感到如坐针毡。除了严武，杜甫还要面临复杂的人际关系，官场的尔虞我诈，这些都让他寂寞无助。与此同时，杜甫和严武的关系也发生了微妙的变化。

严武毕竟是一个战场上杀敌的胜者，武夫之气多于诗人之气。作为镇守成都一方的长官，严武"穷极奢靡，赏赐无度"的作风让杜甫产生了异议。杜甫此时和严武的身份已经从朋友变成了上下级，地位的悬殊让杜甫不知道该用什么身份来劝解严武。无奈之下，他多次给严武写诗要求解除幕府的职务，让他回到草堂，继续做个农人，"主将归调鼎，吾还访旧丘"（《立秋雨院中有作》），"暂酬知己分，还入故林栖"（《到村》），"仰羡黄昏鸟，投林羽翮轻"（《独坐》）。如此频繁地要求辞官归隐，让严武颇为心烦，对杜甫的态度也逐渐冷淡了起来。

杜甫感觉到了严武故意疏远自己，内心有太多的郁结。有一次，杜甫喝醉了酒，借着酒劲，跑到严武的家里，大吵大闹。严武看见杜甫神态迷离，脸色通红，满嘴酒气，就让人送他回家。没有想到杜甫一把推开下人，瞪着严武，踩到严武的床上指着他的鼻梁骂道："严挺之竟然有你这样的儿子！"严武一听杜甫竟然直呼他父亲的名字，顿时火冒三丈，拿着刀就要杀杜甫。大家知道严武和杜甫私交甚好，此时两个人闹得不可开交，就有人去给严武的母亲通风报信。严母赶到后，看到杜甫在发酒疯，就拦下了严武。严母劝严武，说杜甫喝醉了，醉话怎能当真，更何况你们还是多年的好友。杜甫看到严武抽出刀，严母又来劝阻，酒醒了一大半，赶紧说了一句："我是杜审言的孙子。"严武见杜甫已有悔意，加上母亲的劝阻，把刀扔在地上，让人带走了杜甫。

虽然严武表面上原谅了杜甫，内心还是一直耿耿于怀。梓州刺史章彝因为很小的事惹怒了严武，只因为他和杜甫的关系很好，严武竟然用大棍子将其活活打死。杜甫知道幕府是待不下去了，就托病辞归。严武也不再为难杜甫了，准他回到草堂去。

杜甫在春天的时候回到草堂，他决定把草堂修缮一番，打算长住，继续过着"寂无斤斧响，庶遂憩息欢"的日子。在这期间，杜甫想到严武，想到两人多年的感情，他就作了一首《敝庐遣兴奉寄严公》的诗，盼望严武再次光临草堂。严武心里似乎还没有释怀，没有再来草堂，杜甫再也没有收到严武邀他入府赴宴的函请，两个人连诗酒唱和的诗也没有了。

四月的一天，杜甫正在草堂砍竹除草，突然听到严武去世的消息。杜甫简直不敢相信，他久久地瘫坐在椅子上，半天都没有回过神来，随即号啕大哭。后来杜甫在《八哀诗》里这样写道："公来雪山重，公去雪山轻。"读来让人落泪。

严武去世，杜甫失去了靠山。五月，郭英乂继任剑南节度使兼成都尹，虽然二人有书信来往，郭英乂也邀请杜甫去幕府。但杜甫知道，郭英乂暴戾骄奢，两人志不相合，于是决定离开成都草堂，乘舟下中州、渝州。

五载客蜀郡，一年居梓州。

如何关塞阻，转作潇湘游。

世事已黄发，残生随白鸥。

安危大臣在，不必泪长流。

——《去蜀》

这次离开，杜甫再也没有回来过。但是浣花溪边的这间草堂，却成了中国文学史上的一块圣地。

第七章　江舟从此别人间

旅居夔州

　　五月，杜甫依依不舍地离开了成都，带着家人乘舟东下，继续漂泊之旅。在路上，杜甫写了一首《旅夜书怀》，把自己夜色行舟所见的水面景色和人生的哀叹都融入进去，也对未来身归何处惆怅万分。

> 细草微风岸，危樯独夜舟。
>
> 星垂平野阔，月涌大江流。
>
> 名岂文章著，官应老病休。
>
> 飘飘何所似，天地一沙鸥。

　　杜甫就像一只沙鸥，一叶扁舟，在江水上飘飘荡荡，经过嘉州、戎州、渝州、忠州，九月份抵达夔州。一路颠沛流离，且在船上生活太久，湿气侵体，杜甫的肺病和风痹等旧病复发，没有办法再继续前行。在家人的劝解下，杜甫决定先在云安县修养一段日子后再上路。

云安县县令听说杜甫到来，欣然去迎接，并安排杜甫一家人住在一处水阁，派专人来伺候他们一家生活。杜甫对县令的安排感谢万分，虽然想推辞，但是自己已经身无分文，疾病缠身，衣食都是问题，看到妻儿们恳求的眼神，他只好答应县令的邀请。杜甫住的水阁背山临江，终日能听到子规的啼叫声，这些声音让久病的杜甫陷入愁绪之中。因为肺病，杜甫只能常卧，不能站立太久。他扶着门窗，看到那些早起的除草人在劳作，羡慕不已，感叹自己身老心衰。杜甫本来不想打扰云安县令太久，想着赶紧启程，无奈冬天忽然就来了，下了几场大雪，江面都结了冰。县令劝杜甫春后再启程，妻儿们也不愿意寒冬腊月里呆在冰冷的船上，杜甫只好听从县令的安排。漫漫长夜，严冬酷寒，在这里的饮食都靠着县令的支持。闲来无事，他就看会书，和老妻说会话，让下人取来酒壶，小酌一点，再让儿子给他读一段《文选》。

夜深人静的时候，杜甫躺在床上难以入睡，他想到自己半生漂泊，好友们一个个死去，一种旷世孤独感包围着他。黎民百姓的疾苦和国家动乱不安的局面，更是让他寝食难安。

岁暮阴阳催短景，天涯霜雪霁寒宵。

五更鼓角声悲壮，三峡星河影动摇。

野哭千家闻战伐，夷歌数处起渔樵。

卧龙跃马终黄土，人事音书漫寂寥。

——《阁夜》

　　时局的变化比杜甫的担忧来得更快，外敌滋扰不断，战伐之声不绝。从二月到九月，党项、羌、吐蕃、回纥等少数部落率领十万士兵不断入侵关内和陇右。唐军抵挡不力，丢盔弃甲。唐朝的散兵目无法纪，不断乱杀无辜，把大批妇女掠入军营里，百姓开始流离失所，纷纷往蜀地逃难。

　　严武死后，蜀地军阀混战，群盗四起，渝州刺史和开州刺史相继被杀。十月，蜀中大乱。郭英乂暴虐成性，严武旧部汉州刺史崔旰带领五千士兵讨伐郭英乂，郭英乂逃到普州，被普州刺史韩澄杀死，韩澄顺水推舟，把郭英乂的首级献给了崔旰。崔旰也不是省油的灯，一旦掌权，其统治之下的成都比郭英乂时期更加混乱。崔旰没有严武的威信，兵将不服，邛州牙将柏茂琳、泸州牙将杨子琳、剑州牙将李昌夔又联合起来讨伐崔旰，成都混乱不堪。凭借蜀道险要的蜀地如今也被卷入了战争之中，军阀混战，广大蜀地百姓受尽苦难。那一年天下大旱，物价上涨，蜀中商旅断绝，蜀麻没有办法运出去，吴盐也无法运进来，蜀地的农商破坏殆尽。

卧病云安县的杜甫时刻关注着时局的动荡，庆幸自己趁早离开成都，又为还未来得及避难离开的百姓担忧。在云安县期间，杜甫还写诗赠送给任嘉州刺史的岑参。十余年不见，当年诗酒唱和，如今各自天涯。杜甫想寄点东西给岑参，又不知道该送什么，最后寄了一条云安县的双鲤鱼给他，聊表思念之情。想必岑参收到好友的礼物，定会感受到"客从远方来，遗我双鲤鱼。呼儿烹鲤鱼，中有尺素书。长跪读素书，书中竟何如？上言加餐饭，下言长相忆"的款款情谊。

河北诸道仍旧处在藩镇割据的状态，道路不通，杜甫一时半会也回不了家乡。夔州是长江的起点，有"白帝高为三峡镇，瞿塘险过百牢关"的白帝城，景色俱佳。何况安史之乱的战火，未波及夔州。病情稍微减轻后，杜甫决定先暂居夔州，等战乱平定后再回故乡。云安县令见他去意已决，考虑到路上不通畅，就让王十二判官护送杜甫一家移居夔州。

初到夔州，在夔州刺史王崟的安排下，杜甫一家住进山腰客堂。客堂地处夔州城北，唐赤甲山南麓与马岭相接并靠近赤甲城南城墙的地方。这个客堂比较简陋，是在半山腰上用木头架起来的房屋，像鸟巢一样。战乱中能够有个居住的地方已经是万幸，而且不用再生活在水上，杜甫一家人对这个家感到很满意。刺史王崟对杜甫也是礼遇有加，考虑到杜甫一家人刚到这里，生活艰难，就安排仆人阿段、信行照顾杜甫一家人。杜甫和家人开始修缮房屋，在木架上盖上茅草，用栅栏围起一个院子。老妻在屋后开辟了一块菜地，种了些莴苣。刺史王崟送来50只乌鸡幼崽，让杜甫饲养。山上饮水是个大问题，地皮太厚，没有办法掘井，杜甫看到当地人都用竹筒引山泉之水，他让信行去寻找水源，在当地人的帮助下，终于把水引到了客堂。

生活暂时安顿下来，夔州当地的名人得知杜甫到来，都来相邀，带着杜甫游览夔州名胜。杜甫先后游览了武侯祠、宋玉宅、庾信古居、昭君村、永安宫、先主庙等古迹。年迈的老诗人对这些历史人物凄凉的身世、壮志未酬的人生表示了深切的同情。吊古哀今，杜甫想到自己仕途失意，一生颠沛流离，顿时悲从中来，于是写下《咏怀古迹五首》，借咏怀古人来抒发自己郁郁不得志的郁闷。

诗人对庾信的诗赋推崇备至，暗寓自己的乡国之思。

支离东北风尘际，漂泊西南天地间。

三峡楼台淹日月，五溪衣服共云山。

羯胡事主终无赖，词客哀时且未还。

庾信平生最萧瑟，暮年诗赋动江关。

——《咏怀古迹·其一》

诗人为宋玉死后被人曲解而鸣不平，"怀宋玉，所以悼屈原；悼屈原者，所以自悼也"。

摇落深知宋玉悲，风流儒雅亦吾师。

怅望千秋一洒泪，萧条异代不同时。

江山故宅空文藻，云雨荒台岂梦思。

最是楚宫俱泯灭，舟人指点到今疑。

——《咏怀古迹·其二》

诗人借咏昭君村，怀念王昭君来抒写自己的怀抱及爱国之情。

群山万壑赴荆门，生长明妃尚有村。

一去紫台连朔漠，独留青冢向黄昏。

画图省识春风面，环佩空归夜月魂。

千载琵琶作胡语，分明怨恨曲中论。

——《咏怀古迹·其三》

　　诗人称颂了三国时刘备和诸葛亮君臣一体的亲密关系，抒发了自己不受重用难展胸怀抱负的悲怨。

蜀主窥吴幸三峡，崩年亦在永安宫。

翠华想像空山里，玉殿虚无野寺中。

古庙杉松巢水鹤，岁时伏腊走村翁。

武侯祠堂常邻近，一体君臣祭祀同。

——《咏怀古迹·其四》

　　诗人瞻仰了武侯祠，衷心敬慕，对其雄才大略进行了热烈的颂扬，对其壮志未遂叹惋不已！

诸葛大名垂宇宙，宗臣遗像肃清高。

三分割据纡筹策，万古云霄一羽毛。

伯仲之间见伊吕，指挥若定失萧曹。

运移汉祚终难复，志决身歼军务劳。

——《咏怀古迹·其五》

公元766年的秋天，柏茂琳到夔州任都督。他看到杜甫生活在半山腰上，觉得此地是山野农夫的居所，杜甫这样的诗人怎么能居住呢。况且山里蚊虫众多，夜里山风呼啸，野兽长啸，在他的盛情邀请之下，杜甫被接到西阁居住。西阁地理位置优越，在白帝山西侧山腰，临瞿塘峡口。居住的环境虽然有了很大的改善，但在生活上杜甫觉得不能总靠别人的救济。夔州东边的东瀼溪两岸有公田百顷，杜甫想要购买来耕种。公田不能私卖，在柏茂琳的帮助下，杜甫最终购得东屯的一些稻田来耕种。春天来了，杜甫还想购买瀼西的一片果园，并且有定居到瀼西的想法。在西阁住了一段时间，杜甫发现西阁风景虽然很美，但是"峡口风常急，江流气不平"（《入宅三首》）。湿气重，这对于久病的杜甫而言，是一种折磨。再加上西阁是公共建筑，是柏茂琳都督临时借给他居住的，并不是长久之计。

赤甲位于夔州城东北郊区，和东屯白帝城为邻。背靠赤甲山，屋前是出入蜀地的大路，山脚下东瀼溪经白盐山脚流出长江。杜甫向柏茂琳吐露想搬到赤甲的想法，柏茂琳知道杜甫心意已决，就派人帮杜甫搬家。公元767年（大历二年）春，杜甫带着一家人迁居赤甲。

三月，柏茂琳知道杜甫一直想要一片果园，赤甲和瀼西又近，索性把瀼西四十亩的柑林赠给了杜甫。杜甫拥有果园的想法终于实现了，欢喜异常，感受到"穷老真无事，江山已定居"。生活安定后，又逢丰收之年，杜甫有了一些资金。公元767年初夏，杜甫出资在瀼西头买下七八间茅屋，把家搬到了瀼西居住。

杜甫居住在瀼西草堂并没有闲着，他在东屯购买了稻田，并搭建了东屯草屋。这一年，杜甫忙里忙外，生活得以改善，身体也日渐健朗起来。他在瀼西照料果园和菜地，又回到东屯看一下稻田里稻谷的长势。杜甫带着家人亲自劳作，购买了稻田后，他又增加了伯夷、辛秀、阿稽等几位帮手来打理果园、菜地和稻田。

这一年，在众人的帮助下，杜甫一家人的生活有了很大的变化。"红鲜终日有，玉粒未吾悭"，"无劳映渠碗，自有色如银"（《茅堂检校收稻二首》）。

生活过得有滋有味，杜甫始终没有忘记自己只是夔州的"过客"，年华渐老，只能哀叹岁月。杜甫在九月九日重阳登高，写下了著名的《登高》：

风急天高猿啸哀，渚清沙白鸟飞回。

无边落木萧萧下，不尽长江滚滚来。

万里悲秋常作客，百年多病独登台。

艰难苦恨繁霜鬓，潦倒新停浊酒杯。

在夔州，杜甫和邻里之间相处得也是非常的融洽。夔州一带仍沿用秦朝风俗，重视岁首和十月一日。杜甫从外地迁移而来，邻居们便给他们送来粽子、焦糖和新酿制的酒、酱等物。一次杜甫返回东屯，邻居见他没有吃饭，就来邀请他，他也尝到了"山家蒸栗暖，野饭射麋新"的乡村野味。

邻里之间的相亲相爱，让杜甫倍感生活美好。杜甫为了料理农务，经常住在东屯。他的一位姻亲忠州司法参军吴某来到夔州，没有地方住，杜甫就把瀼西的草堂借给了吴某居住。当时，瀼西草堂西边有一位孤苦的老妇人，因为生活所迫，常常到草堂敲打枣子充饥，杜甫从来没有阻止。有一次，杜甫回到瀼西查看果园的收成情况，他路过瀼西草堂，发现吴某插了一排篱笆。杜甫写诗告诉吴某不要在小事上太过于认真，那一排篱笆会让老妇人疑心主人不要她来打枣。在这兵荒马乱的年代，这位无食无儿的老妇人非常不容易，几个枣子可能让她免于被饿死。从关心国家兴亡到柔弱无依的百姓，杜甫始终保持一颗悲悯之心。

战火虽然还未波及夔州，但是杜甫在和当地百姓交谈中发现了夔州奇特的风俗。夔州的女子甚是勤劳，砍柴负薪，到盐井里去贩私盐的都是女子，很少看到男子。当地有许多四五十岁的老女人，都还没有嫁人。外地人都说夔州的女子相貌丑陋，所以才嫁不了人，只能在家里像个男子一样做苦力。杜甫明白因为常年的战祸，导致夔州的丁壮都被征入伍，女子不容易找到婆家。"若道巫山女粗丑，何得此有昭君村"，他对这些夔州女子的赞美之情，溢于言表。

杜甫身在夔州，心却念及长安，在秋天来临之际，杜甫一口气写下和《同谷七歌》相媲美的《秋兴八首》：

有写夔州秋色和羁旅的伤感之作：

玉露凋伤枫树林，巫山巫峡气萧森。

江间波浪兼天涌，塞上风云接地阴。

丛菊两开他日泪，孤舟一系故园心。

寒衣处处催刀尺，白帝城高急暮砧。

——《秋兴八首·其一》

有写身在夔州日夜思念长安之作：

夔府孤城落日斜，每依北斗望京华。

听猿实下三声泪，奉使虚随八月槎。

画省香炉违伏枕，山楼粉堞隐悲笳。

请看石上藤萝月，已映洲前芦荻花。

——《秋兴八首·其二》

有写在夔州平静而无聊的生活，感叹壮志未酬和对"同学"无才显大的愤懑之作：

千家山郭静朝晖，日日江楼坐翠微。

信宿渔人还泛泛，清秋燕子故飞飞。

匡衡抗疏功名薄，刘向传经心事违。

同学少年多不贱，五陵衣马自轻肥。

——《秋兴八首·其三》

有写遥念长安，对政治动乱，人事变化和边境不安的感慨之作：

闻道长安似弈棋，百年世事不胜悲。

王侯第宅皆新主，文武衣冠异昔时。

直北关山金鼓振，征西车马羽书驰。

鱼龙寂寞秋江冷，故国平居有所思。

——《秋兴八首·其四》

有回忆天宝年间长安宫阙、朝仪盛况之作：

蓬莱宫阙对南山，承露金茎霄汉间。

西望瑶池降王母，东来紫气满函关。

云移雉尾开宫扇，日绕龙鳞识圣颜。

一卧沧江惊岁晚，几回青琐点朝班。

——《秋兴八首·其五》

有回忆当年长安曲江盛况之作：

瞿塘峡口曲江头，万里风烟接素秋。

花萼夹城通御气，芙蓉小苑入边愁。

珠帘绣柱围黄鹄，锦缆牙樯起白鸥。

回首可怜歌舞地，秦中自古帝王州。

——《秋兴八首·其六》

有回忆长安西南的昆明池：

昆明池水汉时功，武帝旌旗在眼中。

织女机丝虚夜月，石鲸鳞甲动秋风。

波漂菰米沉云黑，露冷莲房坠粉红。

关塞极天惟鸟道，江湖满地一渔翁。

——《秋兴八首·其七》

有回忆当年与旧友共游长安附近名胜之作：

昆吾御宿自逶迤，紫阁峰阴入渼陂。
香稻啄馀鹦鹉粒，碧梧栖老凤凰枝。
佳人拾翠春相问，仙侣同舟晚更移。
彩笔昔曾干气象，白头吟望苦低垂。

——《秋兴八首·其八》

在夔州，杜甫总觉得不快乐，于是决定出峡。当时出峡的旅资有了着落，"由来具飞楫"（《秋日夔府咏怀，奉寄郑监、李宾客一百韵》），出峡的船和粮食也准备好了。杜甫放弃了夔州的稻田和果园，"减米散同舟，路难思共济"，"故畦遗穗已荡尽，天寒岁暮波涛中"。他把吃不完的稻米接济他人，就带着家人乘舟出峡，又开始了漂泊生涯。

江舟漂泊

　　杜甫决定出峡，一方面由于身体没有办法承受夔州恶劣的气候，且这里朋友稀少，让他时常感到孤单；另一方面，弟弟杜观结婚后住在荆州附近的当阳，杜观也邀请杜甫出峡，期盼家人团聚。公元 768 年正月，杜甫从白帝城出发，顺着瞿塘峡、三峡而下。

　　杜甫站在小船上，看着滚滚的长江水汹涌澎湃，飞流急湍，凶险无比，他一声长叹，感到"入舟翻不乐，解缆独长吁"。人生大半都在漂泊之中，也许是他早就适应了这种漂泊的感觉。他乡毕竟是异乡，动乱年代，杜甫感到无比的孤独，他思念朋友和兄弟，曾经一起把酒言欢的快乐场面时常出现在梦中。

　　二月，杜甫到达荆州，本想着一路北归，却遇到商州兵马使刘洽叛变，杀害防御使殷仲卿，六百里的商於之地处于混乱之中。民不聊生，商旅不行，交通阻隔。内忧不断，外患再次来袭，吐蕃进攻凤翔，长安再次受到威胁，时局动荡不安，杜甫不得不在荆州暂时居住下来，打算等到时局稍微安定后再行启程。

杜甫在荆州并不孤单，在这里他有许多的朋友。在夔州时写诗歌颂过的卫伯玉，此时为荆南节度使，封阳城郡王。杜甫的从弟杜位，杜甫曾和他一同在严武的幕府中工作过，在长安的时候还在他家过了除夕之夜，此时杜位在节度使的行署里任行军司马。还有郑虔的弟弟郑审，此时任荆州少尹。按说有这么多的好友在这里，杜甫的日子应该不至于太过于窘迫。事实上，杜甫感受到的却是"年年非故物，处处是穷途"。在荆州的半年里，好友给他的帮助几乎微乎其微。

刚开始，朋友间还相互寒暄几句，他们也邀请杜甫去府上赴宴。时间长了，本就不怎么深交的感情就淡了下来。杜甫身患疾病，多年不曾痊愈，那时他的耳朵聋了，别人和他交谈的时候，需要写在纸上。年纪大了，容貌变得丑陋，常年的船上漂泊，杜甫的右胳膊早就使不上气力。从夔州种田种果园积攒的钱财已经用的差不多了，他想去拜访这些好友，没有钱雇轿子，只能自己拄着拐杖。因为没有像样的衣服穿，看门的人见一个耳聋的白发老人，根本就不去通报。

本以为那些"朋友"会和自己谈心论诗，但他们却像富人打发叫花子一样，施舍给他几个铜钱。杜甫拄着拐杖离开了官府，回头看了一眼府衙门前的狮子，泪眼婆娑。他一生漂泊，看尽了人情冷暖、民生疾苦，晚年还受到这样的待遇，这让老诗人在荆州也没有办法待下去了。

晚秋季节，杜甫决定乘船去公安县。他在荆州南浦登船，想到自己形骸已老，却还要乘着舟楫在江湖上漂泊，心中无比惆怅。在船上，他写诗寄给郑审，作为留别：

更欲投何处，飘然去此都。形骸元土木，舟楫复江湖。
社稷缠妖气，干戈送老儒。百年同弃物，万国尽穷途。
雨洗平沙静，天衔阔岸纡。鸣螀随泛梗，别燕赴秋菰。
栖托难高卧，饥寒迫向隅。寂寥相煦沫，浩荡报恩珠。
溟涨鲸波动，衡阳雁影徂。南征问悬榻，东逝想乘桴。
滥窃商歌听，时忧卞泣诛。经过忆郑驿，斟酌旅情孤。

——《舟出江陵南浦奉寄郑少尹》

在公安县，杜甫和当地书法家顾诫奢，李贺的父亲李晋肃相遇，并写诗给他们。但是，杜甫在这里并没有得到礼遇，连小官吏都看轻这位多病的老诗人。公安县不久发生了动乱，杜甫觉得没有什么可留念的，暮冬时节，就带着家人乘船到了岳州。在船上，他看到洞庭湖边人民的疾苦生活。此时已经快到年终，北风呼啸而过，洞庭湖畔白雪皑皑。天寒地冻，渔父的渔网都被冻住了。杜甫看到莫徭人拉响桑弓准备射杀大雁，他劝告他们，楚人喜欢吃鱼虾，不喜欢吃鸟肉，就不要白白杀害它们了。当地人告诉杜甫，现在到处都在打仗，各地的城头吹起了号角，物价年年上涨，去年的时候稻米的价钱很贵，军粮却时常缺乏。过去官府严禁私铸铜钱，现在管不住了，也就默许那些无良的商家在铅锡中掺和青铜。币制的紊乱，物价也跟着乱了，今年米的价格下降，种田一点积极性都没有。在城里那些骑着高头大马的达官贵人喝酒吃肉，贫苦老百姓却穷得只剩下一间茅草屋。官府一直在催缴赋税，日子过不下去，大家也只能卖儿鬻女。

老诗人忧国忧民的情怀变成了一种无可奈何的期盼。杜甫登上了岳阳楼，看到洞庭水，想到到处征伐不断，自己颠沛流离，亲友音信断绝，不禁泪流满面：

昔闻洞庭水，今上岳阳楼。

吴楚东南坼，乾坤日夜浮。

亲朋无一字，老病有孤舟。

戎马关山北，凭轩涕泗流。

——《登岳阳楼》

　　过完了正月，杜甫又从岳州准备去衡州，去投奔衡州刺史韦之晋。辞别了岳州送行的友人，杜甫乘船顺着湘江南下，看到的是"春水满南国，朱崖云日高"，这样的秀美景色还没有欣赏够，就遇到了险滩。水流很急，篙工面对回旋的恶浪，惊涛扑面，沉着应对，凭借熟练的技巧渡过了险滩，杜甫庆幸自己捡回来一条命。渡过了险滩，水面变得平稳起来，大家得以暂时休息片刻。杜甫遇到了一个采蕨菜的妇女，正在山间攀爬。经过询问得知，她的丈夫因为劳役被折磨而死，傍晚时分，她回到荒村之中，看到空空的房子号啕大哭。就算这样官府还是没有放过他们，赋税仍旧需要交纳。没有办法，她只能去山崖上采蕨菜到市场上贩卖来缴税。人民这样贫苦，各地官家赋税征敛却有增无减。此时百姓已经一无所有了，杜甫感到无比的痛心，对百姓产生深深的同情。但他转念一想，自己不用缴纳赋税，还能够顺心地按照自己的生活方式去生活，便觉得自己身穿的这件破旧棉袍也不那么寒酸和伤感了。也许就是这种苦中作乐，才让他面对人间疾苦，把一腔无可奈何转化为不放弃希望地面对生活。

还在船上的时候，杜甫听说韦之晋改任潭州刺史。他想了一下，决定改道去潭州，却不料世事多变，韦之晋在四月份的时候去世了。

杜甫只好坚持原来的路线，在盛夏之际到达潭州。没有了任何依靠，杜甫一家人只能以船为家。由于体弱多病，又没有其他的经济来源，一家人的日子过得异常艰苦。在附近渔民的建议和帮助下，杜甫开始在鱼市上摆设药摊，靠出卖药物来维持生活。早些年他上山采摘一些适合自己身体的草药，以防不时之需，现在却为了生计，不得不拿到集市上去卖。在长安卖过药，在成都的时候也卖过药，如今流落潭州，还要靠着卖药度过艰难日子，想来不由得心酸。

江边风暖，杜甫在茶馆旁摆了个小摊子。卖了好几天的草药，他的草药存货也所剩无几了。因为身体的原因，他没有办法上山采摘新的草药，眼见草药越来越少，杜甫为以后的生计忧心忡忡。

一个午后，杜甫正在摆弄着他的草药，摊子前走来了一个四十左右的中年人。来人说自己在潭州刺史崔瓘幕府里做事情，自称叫苏涣。杜甫抬起厚重而无力的眼皮，打量了一下眼前的这个中年人。长相粗犷，体格健壮，说话不拘小节，为人也很豪爽。在阆州和梓州的时候，他听人说起过有一个弩手，百发百中，常在巴山道上抢劫富商，人称"弩跐"，名字就叫苏涣。后来好长一段时间没有了他的消息，再后来就听说苏涣中了进士，在潭州的崔瓘府中做事。杜甫没有想到，会在这里遇到他。

苏涣直接在杜甫面前坐了下来，说自己早就听说过杜甫的大名，却没有好好读过他的诗歌。在崔瓘府中，他看到了几卷传抄的杜甫诗歌，其中《石壕吏》《茅屋为秋风所破歌》等诗歌让他读后大为惊叹。他认为这些诗是陶渊明之后三百年都难得的好诗，并且没有想到自己和这样的诗人生活在同一个时代，真是莫大的荣幸啊。苏涣经过多方打听，得知杜甫在鱼市里卖草药，就特来拜访。

杜甫听到苏涣说起了自己的诗，对苏涣的一些见解感到好奇。这时，苏涣从怀中取出了一个小卷轴，当着杜甫的面，朗读起自己写的诗歌。

养蚕为素丝，叶尽蚕不老。倾筐对空林，此意向谁道。

一女不得织，万夫受其寒。一夫不得意，四海行路难。

祸亦不在大，福亦不在先。世路险孟门，吾徒当勉旃。

——苏涣《变律》

杜甫很惊讶，虽然苏涣的诗歌在艺术水准上并没有多高，但是他所表达的却是人生中的失败经历和对世事的关心，这一切和自己心怀国家百姓是多么的一致，而自己的人生又何尝不是"一夫不得意，四海行路难"呢？垂暮之年遇到了苏涣，他的爽朗、超脱让自己眼前又涌现出一些新的事物，杜甫回到船上，夜里的时候还在回味苏涣的话和诗歌，感觉自己的白发里仿佛也生出了黑发。

在潭州，杜甫和苏涣成了好友，二人经常相聚谈论诗歌，点评时政，抒发个人抱负，就这样在潭州过了元旦和清明。虽然日渐年迈，但是在渔夫的帮助和苏涣的交往中，他仿佛感受到了生活的魅力和力量。

公元 770 年的落花时节，杜甫在潭州遇到了另一位故友李龟年。李龟年是唐朝天宝年间著名的音乐家，擅长作曲和奏羯鼓，和公孙大娘一样，名气非常大。他曾和李彭年、李鹤年兄弟创作了《渭川曲》，受到唐玄宗的赏识，轰动长安。安史之乱后，长安沦陷，李龟年几经辗转，最后流落潭州。不事农桑，只会唱歌的李龟年只能在节日或者喜事的时候，到当地显贵之家和官府里给人家唱几首拿手曲目。当年给皇帝演唱的音乐家，如今沦落到为了生计而卖唱，李龟年的歌声中充满了悲伤之情，听他歌的人都为之落泪。年迈的杜甫看到李龟年，想起两人多年前在岐王和崔涤宅中见面的情景。大乱过后，再次相逢，昔盛今衰，时世凋零丧乱与人生凄凉飘零之感，让人不禁感慨万分，杜甫饱含深情地挥笔写下：

岐王宅里寻常见，崔九堂前几度闻。

正是江南好风景，落花时节又逢君。

——《江南逢李龟年》

和杜甫分别后，在湖南采访使的筵席上，李龟年被请去唱歌助兴，他唱了一首王维的《伊川歌》："清风明月苦相思，荡子从戎十载余。征人去日殷勤嘱，归雁来时数附书。"歌声哀婉，听者动容。唱完后他突然昏倒，四天后才苏醒过来，最后忧郁而死。

杜甫白天继续卖他的草药，傍晚回到船上和妻儿们挨过一个个漫漫长夜。四月的夜里，潭州城内忽然火势弥漫，呼喊声震天，外面乱糟糟的，在舟中的杜甫也披着衣服起床观看。逃跑的百姓说湖南兵马使臧玠叛乱，杀死了潭州刺史兼湖南团练观察使崔瓘，士兵们在街上烧杀抢掠，潭州城内外一片大乱。这次叛乱事件从潭州城里一直蔓延到江边，岸上有穷凶极恶的士兵，背后是茫茫水域，大家都不知道该逃到哪里去。

就在大家手足无措的时候，夜色中出现了一个手拿弓弩的人，呼喊着大家赶紧上船。杜甫看见来人正是苏涣。苏涣跳到了船上，号召大家跟着他走。渔民们把船排成队，在苏涣的带领下，一直南下抵达衡州。

天明时分，苏涣上岸和大家告别。杜甫问苏涣到哪里去？苏涣说潭州已经回不去了，他打算去岭南。杜甫没有办法带着一家老小跟着苏涣去岭南，他打算从衡州南下郴州，去投靠在郴州任录事参军的舅父崔伟。

和杜甫告别后，苏涣背着弓弩，消失在晨曦的微光中。杜甫没有想到，这一别就是永别。苏涣在岭南漂泊了一段时间，参加了循州刺史哥舒晃的起事，失败而后被岭南节度使杀害。这时，杜甫已经去世五年了。

身死他乡

辞别苏涣后，一叶孤舟载着杜甫一家人顺着郴水而
下，一直到耒阳县境内。诗人在长期病苦中心情异常激
愤，长期的漂泊生活又让他唉声叹气。正值寒冬时节，
他从船上看到的景象是：

> 故国悲寒望，群云惨岁阴。
>
> 水乡霾白屋，枫岸叠青岑。
>
> 郁郁冬炎瘴，濛濛雨滞淫。
>
> 鼓迎非祭鬼，弹落似鸮禽。
>
> ——《风疾舟中伏枕书怀三十六韵奉呈湖南亲友》

这些"白屋""淫雨"都带有愁惨的色彩，让老诗
人开始回首往事。杜甫想到自己因为上疏救房琯而获
罪，最后"漂泊西南天地间"。就算在这样的情况下，
他仍然没有忘记国家的危难，"战血流依旧，军声动至

今"。仕途的不顺，让他空有一腔为国为民的热情，却始终远离长安，远离政治中心。生活的窘迫让他只能终日以野菜羹度日，从成都带过来的乌皮儿早就已经散乱，只能用绳子捆了又捆，身上穿的衣服也是补丁叠补丁。流浪巴蜀十年，楚地三年，始终郁郁不得志。多年疾病缠身，他感到死期将近，没有办法带着一家老小回到安全的地方了。他写信给亲友们，希望他们能够照料自己的一家老小。

杜甫一家人还没有到郴州，江水突然大涨。刚开始，杜甫走得并不着急，还顺便去游览了岳祠。大水阻隔了道路，杜甫只能把船停靠在方田驿。船舱里储存的食物吃完了，杜甫一家八口人五天都没有任何的补给物。面对茫茫大水，一家人感到走投无路，只能把性命交给苍天。

耒阳县的聂县令得知杜甫被水围困的情况，赶紧寄了一封信来问候他，还带来了香喷喷的牛肉和一坛白酒。长期处于饥饿的状态中，面对如此美味佳肴，杜甫忍不住大快朵颐起来。老妻劝杜甫吃慢点，杜甫哪里慢得下来呢。到了晚上，老妻发现杜甫还躺在船舱里。她走到床前呼唤他，可是他却一动不动。原来突然间的暴饮暴食，身体本就羸弱的老诗人消化系统承受不了，早就一命归天了。妻子号啕大哭，再也唤不醒杜甫了。

一代诗圣，死于一顿酒肉，千百年来让人唏嘘不已。当然，杜甫的死因还有其他的说法。

史学大师郭沫若就提出了食物中毒说。郭沫若认为聂县令得知杜甫被困于大水之中，很多天没有吃饭，一次性送了很多的牛肉。杜甫一家人没有全部吃完，就放在那里。正值暑天，牛肉腐烂了，郭沫若认为杜甫是吃了腐烂的牛肉中毒身亡的。郭沫若所说的中毒而死和传统的撑死说相比，似乎更多了些想象，但他并没否认杜甫死于喝酒吃肉。因此长期以来，杜甫死于美酒佳肴一直是杜甫死因的主流说法。

唐人郑处晦在《明皇杂录·别录》中提出了杜甫病死一说。杜甫晚年疾病缠身，加上他生命最后两年的水上生活，湿气重，长期的奔波让他的身体早就透支。早年储存的草药又都在潭州变卖养家，没有充足的草药来医治，更别提花钱来请医生了，最后只能病死在船上。

无论哪种死因，公元770年的冬天，诗圣杜甫在湘江的舟中死去，那一年，他五十九岁。

杜甫死后，家人无力安葬，只能把他的灵柩放在岳州。可怜诗圣半生漂泊，死后却仍旧不能落叶归根。直到四十三年后，他的孙子杜嗣业才把杜甫的灵柩运回故里，葬在了首阳山下，靠近杜预和杜审言的坟墓。

元稹为杜甫撰写了墓志铭《唐故工部员外郎杜君墓系铭并序》。在此之前，杜甫的诗歌得不到认可，一代伟大诗人在当时备受冷落。元稹却在这篇墓志铭中，对我国文学史上的现实主义传统作了详尽的论述，第一次对杜甫及其现实主义诗歌给予了前所未有的高度评价，奠定了杜甫在文学史上的"诗圣"地位。

漂泊半生的诗圣杜甫终于得到了承认，他也终于回家了。

第八章　诗中圣哲著千秋

患难与共的爱情

当你老了，头白了，睡意昏沉，

炉火旁打盹，请取下这部诗歌，

慢慢读，回想你过去眼神的柔和，

回想它们昔日浓重的阴影；

多少人爱你青春欢畅的时辰，

爱慕你的美丽，假意或真心，

只有一个人爱你那朝圣者的灵魂，

爱你衰老了的脸上痛苦的皱纹；

垂下头来，在红光闪耀的炉子旁，

凄然地轻轻诉说那爱情的消逝，

在头顶的山上它缓缓踱着步子，

在一群星星中间隐藏着脸庞。

什么是真正的爱情？是梁山伯祝英台的生死化蝶，《牡丹亭》中的一往情深，是陆游唐婉的一错终生，《孔雀东南飞》的相依相随，更是"死生契阔，与子成说。执子之手，与子偕老"的铮铮誓言。爱情不是年轻时的冲动，而是在漫长的时光里，伴随着琐碎的生活慢慢老去的容颜，却依旧不改初心。杜甫与妻子杨氏的爱情就是如此。

翻阅杜甫的诗集，他多次提到自己的妻子杨氏，却始终没有说出她的名字。元稹在《唐故工部员外郎杜君墓系铭并序》里对杨氏做了简单的介绍："夫人弘农杨氏女，父曰司农少卿怡，四十九年而终。"这聊聊几个字，透露出的信息是，杜甫的妻子杨氏是司农少卿杨怡的女儿。司农少卿可谓位高权重，相当于今天的农业部副部长，而杜甫的父亲杜闲当时也只是一个小县官。杜杨两家地位悬殊，杨怡却把自己的女儿嫁给了杜甫。翻阅杜甫族谱，我们就会明白杜甫家族是京兆杜氏分支的襄阳杜氏族，是名门大族，杜甫的祖父杜审言更是当时的著名诗人，只是到了父亲杜闲这一辈，家道中落。或许是杜审言的名气大，并且杜杨两家之前就已经结交甚好，或许曾指腹为婚。所以，杜甫才得以与杨氏结合。

杨氏出身名门，是一位大家闺秀。良好的家庭环境和父母的精心教育，让杨氏从小就知书达理，聪明贤惠。听从了父母之命和媒妁之言，19岁时杨氏与已经快三十岁的杜甫在首阳山下的陆浑山庄成亲。起初，两人的结合不被人们看好，双方年龄相差这么多，而且门不当户不对，婚姻怕是难以长久。没想到的是，杜甫和杨氏结合后，伉俪情深，感情非常融洽。杜甫在仕途上不得志，大半生都在漂泊，杨氏却始终不离不弃，独自抚养着众多儿女，不让杜甫操心，这一陪伴，就是一生。

结婚之后，杜甫开始了他"裘马颇清狂"的漫游生涯，结交好友，求仙问道。在外游历多年，杜甫的视野得以开阔，也让他感受到唐朝风气。那时，风流文人狎妓携娼成了一种风雅时尚，一夫多妻已经成为风尚。杜甫却不为所动，在爱情方面始终专一，还劝别人"使君自有妇，莫学野鸳鸯"，杜甫的这份痴情被梁启超称之为"情圣"。杜甫对杨氏痴心，杨氏对他死心塌地的追随，二人相知相许，情投意合，在文学史上也不失为一段佳话。

婚后的生活杜甫没有多提，杨氏在家照顾公婆和孩子，杜甫继续结交好友，写诗作对。杜闲嘱咐杜甫去考个功名，公元745年（天宝五年），杜甫决定去长安参加科举考试，但自视清高的杜甫却落第了。杜甫难免有些失落，妻子杨氏一直陪伴他，鼓励他。杜甫对科举失利没有往心里去，继续到外面漫游。谁知，父亲杜闲突然去世，家道开始中落，没有了经济来源，杜甫一家的生活变得困苦不堪，时常为衣食担忧。杜甫仍旧希望通过科举之路改变家里的生活状况，现实却是处处碰壁。长安十年，是杜甫"落第高才苦长安"的十年，家道突变，仕途不顺，生活困苦，尝尽了人情冷暖，好在还有妻子杨氏在身边，一直鼓励支持着他。

杨氏身上并没有官宦小姐的娇气，和杜甫结婚后，她恪守妇道，任劳任怨。自从和杜甫在一起，贫穷、饥饿、疾病、逃难、搬家、频繁的分离与担惊受怕，几乎成了他们婚后生活的全部。长安物价暴涨，一家人根本就没有办法生活下去。杜甫除了读书写诗，没有其他的手艺，他只好把妻儿安顿在距离长安二百四十里外的奉先县。妻儿不在长安，他还要给妻儿寄送生活费。骄傲的诗人面对生活的窘迫，只好放下身段，在朋友的帮助下，担任了右卫率府胄曹参军。这是一个从八品下的小官，管理太子卫戍仪仗部队的一些兵甲器杖事务，在微薄的俸禄面前，杜甫只能长叹。

在奉先县，杨氏带着她为杜甫生下的多个儿女，住在破旧的茅草屋里。孩子众多，因为战乱，生活费又时常寄送不到。杨氏也清楚，杜甫一个人在长安的日子肯定也不好过，她决定自己想点办法。奉先县偏僻，她无地可耕，只能自己在荒地上开辟一块小菜地，问邻居们要点种子，种点时令蔬菜。她给人家浆洗、缝补衣服换取一点粮食。即便如此，一家人还是经常挨饿，孩子们经常在夜里因为饥饿而啼哭。夜深人静的时候，借着微弱的烛光，杨氏缝补着破旧的衣裳，她的手变得和农村妇女一样的粗糙。她看着纸窗外的一片死寂，想着百里之外的丈夫，多少次偷偷抹着眼泪。

身在长安的杜甫，每天做着自己不喜欢的工作，还要看别人的眼色，受他人的气。为了一家人的生计，他只能忍受着。杜甫时常牵挂着远方的儿女，曾多次回奉先县探望妻儿。在接受了右卫率府胄曹参军后，他再一次回到奉先县，还没有进门，就听到了妻子的哭声，原来自己的小儿子饿死了。杜甫痛心不已，想到自己连妻儿都养活不起，自责内疚，郁郁寡欢了好几天。杨氏在为儿子去世而痛苦的同时，还在想着安慰杜甫，让他不要太难过。

安史之乱爆发后，长安也不是安全之地，杜甫决定带着一家人去投靠时任白水县令的舅父。谁料，在白水县没多久，那里也沦陷了。进退无路，杜甫一家人只能裹挟在难民堆里逃难。混乱中，借来的一匹马被流民抢走了，文弱年迈的杜甫，只能眼睁睁看着唯一的脚力被抢走。战争来了，根本来不及叹息和懊恼，人流拥挤中，杜甫不小心跌到了一个深坑里，他大声呼叫，根本没有人听到他的声音，好在表侄王砅骑马折回十多里找到杜甫，杜甫才捡回了一条命。

杜甫也不知道该往哪里去，只能跟着流民往北走。因为逃难，本就没有什么家资的杜甫一家更加穷困潦倒，经常忍饥挨饿。孩子们忍受不了，只顾啼哭，厮打着要吃饭。大雨下了很多天，全家人都湿透了，杨氏害怕孩子们淋雨感冒，只能把孩子搂在怀里，哄着他们。就这样，一家人在泥泞中相互拉扯着往前走。

在途中，杜甫看着疲惫憔悴的妻子和饥饿的孩子们，内心极度煎熬，他不忍心妻儿再跟着自己流浪漂泊，决定找个安全的地方让妻儿住下来。经过彭衙县，在好友孙宰的帮助下，杜甫一家人得以稍稍安歇，最后顺利地到达了鄜州。羌村地理位置较偏，战火没有波及到这里，杜甫决定将妻儿安顿在鄜州羌村，自己一个人去找唐肃宗。

杜甫安慰妻儿，说自己很快就来接他们。妻子让杜甫放心，她会照料好孩子们，等着他回来。公元756年的冬至，杜甫告别妻儿后，继续怀着"许身契稷，致君尧舜"的抱负，去灵武找寻唐肃宗。

但是杜甫万万没有想到，还没有见到肃宗，自己就在混出芦子关时被叛军抓获，杜甫捶胸顿足，后悔没有和妻儿待在羌村。叛军把杜甫押送到已经沦陷的长安，因为年老又没有官职，也就没有为难他。

近一年的身陷囹圄让杜甫对自己的决定产生了怀疑，也对羌村的妻儿无比的思念。一个月夜，杜甫写下一首《月夜》："今夜鄜州月，闺中只独看。遥怜小儿女，未解忆长安。香雾云鬟湿，清辉玉臂寒。何时倚虚幌，双照泪痕干。"那时的杨氏已经三十五岁了，加上生了九个孩子，常常食不果腹，营养不良，早就没有了当初结婚时的"云鬟"与"玉臂"，但是在杜甫的心中，妻子还是一如既往的美丽，足见杜甫的一往情深。

困在长安的杜甫，登上城墙，眼见曾经的皇都如今被叛军占领，到处是残垣断壁，草木萧条，一片荒芜冷落的景象。自己被困在这里，已经三个月都没有家里的一点消息了，杜甫愁得头发都快掉光了。

杜甫走后，杨氏听说叛军打来了，又听说杜甫被抓走，她痛哭流涕，很多人都觉得杜甫此去凶多吉少。杨氏整日以泪洗面，后悔自己当初没有劝阻杜甫，如今怕是连杜甫的尸首都不知在何方。可是当她看到孩子们围着自己，无助可怜的样子，她擦干眼泪，决定要把孩子们好好抚养成人。

不久，杜甫终于逃了出来，奔赴凤翔见到了唐肃宗。唐肃宗看见脚穿麻鞋，狼狈不堪的杜甫能够从敌营里跑过来投靠自己，龙颜大悦，当即给了他一个左拾遗的职位。杜甫终于实现了他的仕途，他给家里寄了一封信，想把好消息告诉妻儿，但是十个月都没有收到回信。杜甫隐约有些担忧，不知道妻儿现在怎么样了，他又害怕收到来信，会带来不幸的消息。

左拾遗杜甫因为上疏救房琯，被唐肃宗打发回家探亲。闷闷不乐的杜甫刚好也想回到鄜州去看看妻儿，在李嗣业那里借了一匹战马后，走了六百多里路的杜甫回到了羌村。一年多不见，杨氏看到杜甫，顿时泪流满面，简直不敢相信杜甫还活在人世。历尽患难，夫妻俩相拥着痛哭流涕，庆贺彼此还安然无恙。

夜深人静的时候，妻子拿着蜡烛好好看着杜甫，还以为是一场梦。杨氏在羌村的生活很艰难，蓬头垢面，衣服上补丁成结。杜甫握着妻子的手，眼睛里泛着泪花。小儿子把脸转过去偷偷地哭，因为食不果腹，营养不良，脸色苍白，一双脏脚上连袜子也没有。床前两个女儿更小，补满补丁的裤子，连膝盖都遮不住。杜甫看到家人的生活这样艰难，心里异常酸苦，他擦干眼泪，从包裹里取出了钱和一些礼物：一些胭脂花粉和几块绸缎绫罗。妻子瘦弱的脸庞擦了粉以后，又恢复了荣光，杜甫感觉妻子还像当初结婚的时候一样的美丽。小女儿很顽皮，学妈妈把红粉涂得满脸都是。这是一家人战乱中相聚的欢乐时光，虽然是苦中作乐，但是杜甫觉得活着比一切都重要。

羌村的幸福时光很短暂，长安收复后，杨氏想回到家乡，杜甫也不想漂泊在外，并且他也有官职在身，就决定带着家人一起回京。然而没过多久，杜甫被唐肃宗贬为华州司功参军，他便带着家人，去华州上任了。这时，四十多岁的杨氏又得爱女，仕途失意的杜甫拉着妻子的手，高兴极了。

不久，华州因饥荒发生了叛乱，杨氏对华州的局势忧心忡忡。杜甫明白妻子的意思，他对司功参军一职也没有兴趣。他决定辞职，带着家人去避难。杜甫一家离开了华州，经过了秦州、同谷，最后流落到了成都，借住在浣花溪旁的一座古寺里。初到成都，生活异常艰辛，一家人经常忍饥挨饿。小儿子饿得大哭大闹，还叫嚷着让杜甫出门去要饭，杜甫身心憔悴。好在杨氏想着法子给孩子们弄点吃的，并且时常安慰杜甫。

只靠杨氏根本就没有办法解决饮食的问题，杜甫想起好友高适，此时正任彭州刺史。杜甫给高适写了一封求助信，高适马上命人从百里之外背着粮食来接济他，解决了他的燃眉之急。公元 760 年，严武镇守成都后，邀请杜甫去他幕府中做事，杜甫的生活才有了改善。

草堂的生活是杜甫一生中最为安逸的时光。他种桃种李，修缮房屋，俨然把草堂当成了自己的家。此时的杜甫已经年过半百，颠沛流离、困苦不堪的生活让他看起来苍老无比。出身名门的大家闺秀杨氏多年来含辛茹苦地抚养着几个子女，岁月的风霜和生活的苦难也早就让杨氏和普通的农妇看起来没有什么两样。然而贫贱夫妻，相扶相持，携手渡过生活的种种难关。生活暂时得以安逸，杨氏想起自己曾经会的琴棋书画，条件有限，她就在纸上画好棋盘，和杜甫对弈起来。《江村》一诗写道："清江一曲抱村流，长夏江村事事幽。自去自来梁上燕，相亲相近水中鸥。老妻画纸为棋局，稚子敲针作钓钩。但有故人供禄米，微躯此外更何求？"妻儿在身旁，生活暂时无忧，这样的岁月静好对杜甫而言是弥足珍贵的，足以慰藉他这半生的漂泊无依。

公元 763 年的一天，安史之乱平定的消息传来，杜甫欣喜若狂。妻子因为奔波劳累的愁容一扫而光，一家人都想还乡，还规划好回乡的路线。但是这次的回乡还是没有能够成行，杜甫在长期的漂泊之中，身体每况愈下，耳聋、齿落、眼花、头痛、失眠时刻折磨着他，别说是启程回乡，就是走几步都累得气喘吁吁，杨氏整天忧心忡忡。

杨氏希望杜甫的病好些后，一家人再回到故乡去。可是，严武突然去世。严武是杜甫一家人在成都的靠山，严武去世后成都发生了暴乱，回乡之路也因为发生了叛乱而受阻。杜甫无奈只好买舟南下，又开始了漂泊流浪的生活。

杜甫在夔州住了两年，后又漂流到湖北当阳、湖南衡阳、郴州一带，最后在耒阳县境内昌江中的一条破船上凄凉地死去。杨氏悲痛万分，变卖衣物和全部家产，买了一副棺木将他草草入殓。杜甫死去，失去依靠的杨氏生活得更加凄苦。她时刻牵挂着葬在江边的杜甫，不断告诫子女们一定要把杜甫的墓迁回故土。杨氏一生操劳，抑郁哀痛，年仅四十九岁就离开了人世。杜甫的子女们都贫病交加，自己尚且艰难度日，哪里还顾及得上其他呢。杜甫也就一直沉睡在江边，葬在异地。直到四十三年后，杜甫的孙子杜嗣业东筹西凑，费尽周折，才将杜甫与杨氏合葬于家乡首阳山的祖坟里。

杨氏，一个默默无闻的女子，出身名门，甘愿陪着杜甫一生漂泊，受尽人间苦难。杜诗中，写到杨氏的竟有二三十首之多，真切地记录了这对患难夫妻的艰难处境和情感历程。杜甫一生都没有为妻子杨氏写过一篇完整的文章，其至连杨氏的名字都无法知道。但是，二人伉俪情深，《云仙杂记》写道："杜甫每朋友至，引见妻子。"杜甫在诗中亲昵地称呼杨氏为"老妻""瘦妻""妻孥"。如果没有杨氏的默默付出，杜甫怕是没有勇气走完这一生的漂泊之路，也没有勇气写下"诗史"的沉重篇章。

　　如果说爱情是什么样子，大概指的就是杨氏和杜甫之间的爱情。

少陵自有连城璧

李杜文章在，光焰万丈长。

——韩愈

杜甫天才颇绝伦，每寻诗卷似情亲。怜渠直道当时语，不著心源傍古人。

——元稹

子美集开新世界，伯阳书见道根源。

——王禹偁

吾观少陵诗，谓与元气侔。力能排天斡九地，壮毅颜色不可求。

——王安石

少陵自有连城璧，争奈微之识碔砆。

——元好问

萧涤非在《杜甫研究》中说："一个伟大的作家，不仅是他那个时代的镜子，而且首先是他那个时代的儿子。他反映了他所生活着的那个时代，乃是由于为他所生活着的那个时代所孕育、培养。"杜甫的伟大之处，我觉得首先在于他是时代的儿子，他这个人是"诗圣"；杜甫的诗篇是那个时代的镜子，他的诗作是"诗史"。

　　杜甫历经唐玄宗、肃宗和代宗三朝，出生官宦世家的他在仕途上始终郁郁不得志。杜甫一生穷困潦倒，大半生漂泊无助，反而得以接近人民，深入到百姓的生活中去，知百姓之苦，明白百姓之所需，所以杜甫诗歌中常常把时局的混乱、劳苦大众的疾苦和自己的不幸遭遇联系在一起。杜甫深切地感受到战乱对国家、人民的毁灭性影响。他自哀也他哀，自怜也他怜。无论是写到民生疾苦、政局动荡、怀友思乡，还是写自己壮志未酬、漂泊无助，他的格局都没有局限于自己的顾影自怜中，而是把满腔的热情投入到人民群众中去。杜甫的笔端有情，诗中有义，心忧国家和人民，替人民发声，为底层人民代言又让他的诗歌超过了盛唐诗歌的水平。与此同时，杜甫的诗歌全面深刻地放映了他那个时代的整体社会面貌和历史进程，而且对安史之乱中的政治动态和时局纷争有着更为清晰的看法，具有崇高的爱国主义精神，散发出人道主义的光芒。所以，晚唐孟棨《本事诗·高逸第三》中就赞誉杜甫的诗歌："杜逢禄山之难，流离陇蜀，毕陈于诗，推见至隐，殆无逸事。故当时号为'诗史'。"

　　杜甫诗歌的"诗史"性质，在于他把全部感情投注到对国家、对人民的热爱之中，即使在外漂泊，仍然心怀社稷安危、百姓疾苦。翻阅杜甫全集，我们会发现，杜甫的诗歌几乎反映了安史之乱前后的重大历史事件。唐朝的几次重要战役，在他的诗歌中都有体现，具有非常珍贵的史料价值。如《悲陈陶》《悲青坂》对唐军在陈陶和青坂的战败表示悲痛；《收京三首》《喜闻官军已临贼境二十韵》欣闻两京收复，喜悦之情溢于言表。还有《洗兵马》，写到九节度兵围邺城，对胜利在即的战局提出了自己看法。国家危难，正是他投笔从戎，为国效力的时候，命运总是捉弄着杜甫，他空有一腔热情，却报国无门，致君尧舜成为泡影。"国家不幸诗家幸"，在他的诗歌中，随处可见的是忧国忧民的情怀。命运不济的杜甫饱经沧桑后，紧锁着愁眉看着山河破碎、民不聊生，只能一声声哀叹民生之苦。这样悲伤感慨的情怀在杜甫诗歌中体现的就是"沉郁顿挫"的风格，字里行间充满了民本主义的思想。因为站在百姓的角度，杜甫的诗歌处处流露出一个"情"字。他对家人有情，含泪写出《自京赴奉先县咏怀五百字》；他对友人有情，上疏营救房琯而获罪，孤独地告别长安；他对百姓有情，写出"三吏""三别"，把百姓因为征兵和徭役所带来的悲惨生活，淋漓尽致地刻画了出来，文字中饱含着杜甫深切的同情。

对比前后期杜甫诗歌特点，"沉郁顿挫"的风格始终贯穿创作的全部。不同的是，后期诗歌中多了些无奈和自我哀伤之情。在杜甫的后半生，"裘马清狂"的美好早已不复存在，别说是为国效力，他连一家人的衣食都无法保证，生活也一直居无定所。

杜甫的诗歌现存一千四百多篇，风格多变，不但继承了诗经、汉乐府的优良传统，同时也吸取了南北朝一些诗人的艺术技巧。杜甫的诗歌创作，成就最大的是律诗，在数量上蔚为大观，在结构上"起结承转，曲折变化，穷极笔势，迥不由人"。他写诗，追求的是"为人性僻耽佳句，语不惊人死不休"，讲究律诗的格律和对仗，连他自己都说，"晚节渐于诗律细"（《遣闷戏呈路十九曹长》）。杜甫以律诗写时事、咏怀、山水、羁旅、宴游和应酬等，有时候为了内容的需要，打破常规诗律，以配合他情感的抒发。

以《登高》为例，在讲究诗律方面，更加是达到了登峰造极的地步，被杨伦称为"杜集七言律第一"。

> 风急天高猿啸哀，渚清沙白鸟飞回。
>
> 无边落木萧萧下，不尽长江滚滚来。
>
> 万里悲秋常作客，百年多病独登台。
>
> 艰难苦恨繁霜鬓，潦倒新停浊酒杯。

前四句写景，后四句抒情，典型的律诗结构。杜甫把秋天的寂寥空旷景色和江边宏大的场面用工整的对仗诗句表现出来，读来婉转起伏，颇有韵律之感。景中含情，自己潦倒的身世和悲怆的秋景融合在一起，年老多病，漂泊他乡的悲伤之感自然而然地流露出来。其他的诗作如《咏怀古迹五首》《秋兴八首》等组诗都是诗律严谨之作。杜甫创作律诗简直到了炉火纯青的地步，"合律而又看不出声律的束缚，对仗工整而又看不出对仗的痕迹"，代表了古典律诗的最高水平。

杜甫的影响深远。韩愈的首席弟子，与王建齐名号称"张王乐府"的张籍，是一个颇有成就的诗人，曾写下"还君明珠双泪垂，恨不相逢未嫁时"（《节妇吟》）这样流传后世的诗句。在看了杜甫的诗歌之后，张籍激动万分，为了能够写出和杜甫一样的好诗，竟然把杜甫的诗集烧成了灰，和蜂蜜搅拌在一起，每天都要吃三勺。这样疯狂的做法，恰恰说明了杜甫的诗歌艺术成就之高。就连自视甚高的元稹，面对杜甫的诗歌成就，也写下"杜甫天才颇绝伦，每寻诗卷似情亲。怜渠直道当时语，不著心源傍古人"（《酬李甫见赠》）这样的吹捧之作。

但是，杜甫的作品在他所处的时代并不被多少人看好。杜甫晚年在《南征》一诗里写到"百年歌自苦，未见有知音"，就知道他内心曲高和寡、难觅知音的落寞心情。一些不明白杜甫诗歌魅力的"后生"，任意嗤点、轻薄为文，就连后来的韩愈都看不下去了，发出"不知群儿愚，那用故谤伤？蚍蜉撼大树，可笑不自量"的愤怒嘲笑之语。

杜甫死后，他的诗文才渐渐流传开来，但是范围不是很广。直到他死后四十余年，元稹为他写了墓志铭，韩愈写了《调张籍》等诗文，把他和李白并称"李杜"，大家才重新认识到杜甫诗歌的魅力和艺术成就。

逝者已去，杜甫在他从一位忠君爱国、仁政爱民的封建士大夫转变为一位爱国爱民、忧国忧民的伟大爱国主义诗人的历程中，他的政治理想依然是"贞观之治"

和"开元盛世"，但他的希望所在最终不是皇帝和朝廷，他的心已经和天下寒士、劳苦人民紧紧联系在一起。他满怀悲愤记录下国家的危难、人民的苦难，饱含深情讴歌祖国的大好河山、风土人情，他的诗歌"地负海涵，包罗万有"（明代胡应麟评杜甫），成为千古流传的史诗。

"李杜诗篇万古传"，虽然仕途不顺、命运坎坷，历经战乱、一生漂泊，却给我们留下了那么多瑰丽的诗篇，杜甫的光芒足以照耀后世。

杜甫年谱

名门之后

公元712年，杜甫生于河南巩县（今河南巩义），祖籍湖北襄阳。他出身于京兆杜氏，是北方的大士族，其远祖可追溯到汉武帝时期有名的酷吏杜周。杜甫是晋代名将杜预的十三代孙，祖父是大诗人杜审言，父亲杜闲。杜甫七岁能作诗，"七龄思即壮，开口咏凤凰"。九岁始习大字，"九龄书大字，有作成一囊"。

开元十三年，公元725年，十四岁。《壮游》诗曰："往昔十四五，出游翰墨场。斯文崔魏徒，以我似班扬。"

开元十四年，公元726年，十五岁。《百忧集行》曰："忆年十五心尚孩，健如黄犊走复来。庭前八月梨枣熟，一日上树能千回。"

裘马清狂少年游

开元十八年，公元 730 年，十九岁。游晋，至郇瑕（今山西猗氏县），从韦之晋、寇锡游。二十岁，漫游吴越，历时数年。唐玄宗开元二十三年（公元 735 年），杜甫在洛阳参加进士考试，结果落第。杜甫的父亲时任兖州司马一职，杜甫于是赴兖州省亲，开始齐赵之游，交苏源明。

开元二十九年，公元 741 年，三十岁。杜甫回到洛阳，筑陆浑庄，在寒食日祭远祖当阳君。

天宝元年，公元 742 年，三十一岁。杜甫的姑母去世，为姑母作墓志铭《唐故万年县君京兆杜氏墓志》。

天宝三年，公元 744 年，三十三岁。在东都洛阳。五月，祖母范阳太君卒于陈留私第。八月，归葬偃师，杜甫为祖母写墓志铭。这年夏天，在洛阳初遇李白。秋，游梁、宋，与李白、高适登吹台、琴台。

天宝四年，公元 745 年，三十四岁。再游齐、鲁。秋后杜甫到兖州，当时李白避归东鲁。李杜同游，结下深厚的友情，"醉眠秋共被，携手日同行"。之后，杜甫将西去，李白准备江东之游，二人在城东石门相别，再也没有重逢。

仕途不顺

天宝五年，公元 746 年，三十五岁。杜甫回到长安。第二年，玄宗诏天下"通一艺者"到长安应试，杜甫也参加了考试。由于权相李林甫编导了一场"野无遗贤"的闹剧，参加考试的士子全部落选。科举之路行不通，杜甫为了实现自己的政治理想，不得不转走权贵之门，投赠干谒，但都无结果。他客居长安十年，奔走献赋，郁郁不得志，仕途失意，过着贫困的生活，"举进士不中第，困长安"。三十九岁，杜甫在长安初遇郑虔，二人成为好友。

天宝十年，公元 751 年，四十岁。在长安，进三大礼赋。玄宗奇之，命待制集贤院，结果不了了之。秋天，杜甫得了疟疾。病后拜访好友王倚，得到王倚的热情款待，感激作歌赠之。

天宝十四年，公元 755 年，四十四岁。安禄山反。杜甫被授予河西尉的官职，他没有接受，改为右卫率府胄曹参军。十一月，到奉先探望家人，刚刚进家门就听到哭泣声，原来小儿子饿死了。杜甫就长安十年的感受和沿途见闻，写成了著名的《自京赴奉先县咏怀五百字》。

战乱流离

肃宗至德元年，公元756年，四十五岁。安史之乱，潼关失守，玄宗仓皇西逃。杜甫带着家人一路奔波到达鄜州的羌村避乱。听说肃宗在灵武即位，杜甫告别妻儿，踏上了北上投奔灵武的路。途中被叛军俘虏，押到长安。尽管个人遭遇了不幸，但杜甫无时无刻不忧国忧民。

为官几载终弃官

至德二年，公元757年四月，杜甫冒险从金光门逃出，穿过对峙的两军到达凤翔（今陕西宝鸡）投奔肃宗，麻鞋见天子。五月十六日，杜甫任左拾遗。房琯获罪，杜甫上疏营救，惹怒肃宗，诏三司推问。幸亏张镐等积极营救，杜甫才免于性命之忧，仍任左拾遗。闰八月，回鄜州羌村探亲，作《北征》。十一月，自鄜州回长安。

乾元元年，公元758年，四十七岁。杜甫任左拾遗。房琯贬为邠州刺史，杜甫被认为是房琯同党，也被贬为华州司功参军。

乾元二年，公元759年，四十八岁。杜甫从洛阳回华州，见到战乱给百姓带来的无穷灾难，感慨万千，创作了不朽的史诗——"三吏"（《新安吏》《石壕吏》《潼关吏》）和"三别"（《新婚别》《垂老别》《无家别》）。七月弃官西去，到达秦州。十月，赴同谷。这期间生活贫苦，拾橡栗，掘黄精以自给。

西南漂泊

上元元年，公元760年，四十九岁。杜甫在成都浣花溪边经营草堂。

上元二年，公元761年，五十岁。杜甫居草堂。此时的杜甫身体多病，生计艰难。高适任蜀州刺史，同王抡一起到草堂拜访杜甫。

宝应元年，公元762年，五十一岁。四月改元，肃帝及玄宗崩，太子即位。诗人李白死（701—762）。杜甫自春至夏居草堂，与严武唱和甚密。严武对杜甫的生活给予了很多的帮助。七月，杜甫送严武还朝。徐知道反叛，成都大乱。杜甫带家人到梓州避难。

广德元年，公元763年，五十二岁。杜甫在梓州，闻官军收河南河北，顿时想要回到家乡。房琯死去，杜甫悲痛不已。

广德二年，公元764年，五十三岁。严武再次镇蜀，杜甫非常高兴，改计划再次回到成都，并加入严武幕府。但是幕府生活让杜甫并不快乐，不断乞假归草堂。

永泰元年，公元765年，五十四岁。杜甫辞幕府，回到浣花溪。严武去世后，杜甫携家人离开草堂，继续漂泊之旅。经嘉州、戎州（宜宾）、渝州（重庆）、忠州（忠县）、云安（云阳），于唐代宗大历元年（766年）到达夔州（奉节）。由于夔州都督柏茂林的照顾，杜甫得以在此暂住。这一时期，诗人创作达到了高潮，《登高》《秋兴八首》等大量名作都创作于此时。

江州长逝

大历三年，公元768年，五十七岁。杜甫离开夔州到达荆州，居数月，颇不得意。秋末，移居公安县。年底，到岳州，后又准备到衡州去。

大历四年，公元769年，五十八岁。听说衡州刺史韦之晋改任潭州刺史，杜甫又奔到潭州，希望在他手下谋一份差事，但韦之晋忽然病卒。流落潭州时，杜甫遇到苏涣，两人结交。

大历五年，公元770年，五十九岁。舟行到达耒阳，遇到大水，杜甫一家好几天没有吃东西了。耒阳县令知道后，亲自驾船迎接，并送去食物。不久，一代诗圣杜甫，贫病交加，在风雨中悄然而逝。

后记

　　仲夏日长，天气渐热。绿意浓烈而又肆意地涂抹在城市的角角落落，仿若幽暗处一缕沁人的风。大簇大簇的夹竹桃在路边探出浓密的枝丫，红的、白的花星星点点缀在细长的绿叶间。

　　为这本书稿划上最后一个句号后，我关上电脑，走出家门，走到铺满落花的人行道上，听高大的白杨掀起绿浪，像一条流淌在空中的河流。

　　我又想起了杜甫。在吴越的山水间，在长安的残阳里，在西南的天地中，辗转漂泊的匆忙脚步下，总是难忘记故乡单调的平原上的几棵白杨。于是思乡心切，乘舟出峡，把最后的时光托付于一条小船。这位生长于中原大地广阔平原上的诗人，听任起伏的江涛声颠簸残躯，回想起纵马驰骋的少年意气。

　　对我而言，杜甫是一位熟悉的陌生人。我熟读他的很多诗歌，对他坎坷的人生略知一二。待我翻阅大量的资料，在繁体简体，文言白话中细细揣摩他的人生轨迹和心路历程，杜甫的形象才在故纸堆中渐渐清晰。清癯瘦弱不似北方汉子，温柔深情对待妻子儿女，忠君爱国奉行儒家传统，忧国忧民济世之心……然而他也曾纵情山水满怀豪情，战乱离苦食不果腹，干谒寄食饱尝辛酸……生活赐予他的一切，或残酷或美好，都化成他笔下亘古的诗歌，而这些诗歌闪着光辉，把一个时代的画卷缓缓铺展在今人的面前。

"李杜诗篇万口传"，杜诗俨然是唐诗高不可攀的顶峰。虽然活着的时候，杜甫只是落魄的小吏，或是饱受战乱的流民，一介布衣，不为人知。大唐盛世的辉煌伴随着歌舞升平和统治者眼中的海晏河清，杜甫只是落第碰壁的文人，在"致君尧舜上，再使风俗淳"的精神支撑下，为了生计苦苦奔波。安史之乱的悲苦中，杜甫是战争铁蹄下受难的百姓，是逃出叛军的小官吏，是把人民的苦难原原本本刻在历史石碑上的人。"千秋万岁名，寂寞身后事"说的又何尝不是他自己呢。

何处安放漂泊者的灵魂？茫茫天地间，回不去的是故乡，看不清的是远方。"飘飘何所似，天地一沙鸥。"看似自由，却只能一声长叹。如果可以，谁又不想安居乐业呢。他乡的一叶浮萍终究难抵故乡的一脉深情。而家国、自身，那么多的情感在身体中积蓄，如果没有笔，真难以找到宣泄的方式。于是，漂泊当世孤独寂寞的杜甫成了青史留名的伟大诗圣。"李杜文章在，光焰万丈长"，"杜甫天才颇绝伦"……许多赞誉纷至沓来，像极了那年带着家人逃难躲在树下时，从树缝里落下的连绵不绝的雨。

我抚摸着桌上一本本关于杜甫的书，每翻开一页，都是似曾相识的内容。一个离我千年的诗人，隔着历史的厚度，我还有很多看不清之处。然而我写下的这些文字，是我对他的理解；是每个夜深人静之时，在温暖的灯光下，一遍遍读着他的诗，幻想着他的生活，在时光的或近或远里找寻的寂寞。

"杜甫似乎不是古人，就好像今天还活在我们堆里似的。"他是芸芸众生中的普通人，又是最独一无二的那一个。

梅雨到来后的江南终日都是湿漉漉的。我日思夜想，终于把心中的杜甫描摹出来，却只像个拙劣的画家。然而与一颗伟大的心灵相遇，是多么值得庆幸的事情啊。那些蕴藏在文字里的久远情感一旦被触及，就会穿越漫长的时光，打动每一个细细阅读的人。

——2019 年 6 月 19 日于池州